인생

인생

하창수 에세이

청색종이

인생을 시작하며

삶이란 게 무엇인지를 명확하게 얘기해준 사람은 아무도 없었습니다. 더러는 아예 입을 다물었고, 더러는 삶에 대해 알아야 할 필요가 없을 뿐더러 그냥 살아지는 게 인생이라며 냉소적인 태도를 보였죠. 그리고 철학자란 사람들과 마주쳤습니다. 그들은 뭔가 달랐는데, 우선 말이 아주 많았습니다. 읽으면 곧바로 잠이 쏟아지는 말들을 그들은 끝도 없이 늘어놓았지요. 명확하지 않기는 그들도 마찬가지였습니다. 하지만 그 많은 말들을 끝까지 들어야 할 것 같았습니다. 왠지 그랬습니다. 그러다가 스피노자를 만났습니다. 그의 『에티카』를 읽은 건 스물다섯 살 때였습니다. 죽음이 목젖까지 차올랐던 군대생활을 마치고 집으로 돌아와 거식증에 걸린 듯 거의 먹지 못한 채 석 달 정도가 지난 뒤였죠. 50킬로그램을 간신히 넘긴 앙상한 몸으로 꼬박 7개월 동안 『에티카』만 읽었습니다. 한 번씩 읽을 때마다 맨 뒷장에 날짜를 적어놓았는데, 서른다섯 번째 날짜가 마지막이었습니다. 그리고 알았습니다. 삶이란 명확하게 설명할 수 있는 것이 아니라는 사실을.

스물여섯 살의 봄, 졸업까지 두 학기가 남아 있던 대학으로 돌아갔습니다. 열심히 공부해서 대기업에 취직하려던 목표는 소설가가 되겠다는 것으로 바뀌었는데, 목표가 바뀌자 모든 것이 달라졌습니다. 강의가 없을 때는 온종일 도서관에 앉아 책을 읽었습니다. 거의 모든 종류의 책이 해일처럼 저를 덮쳤습니다. 몸무게는 좀체 불어나지 않아 여전히 앙상했고 종일 햇빛에 노출되지 않은 얼굴은 환자처럼 창백했습니다. 실제로 환자 취급을 받았습니다. 어쩐 일인지 친구들을 만나면 잔기침이 시작됐고 좀체 멈추지 않았으니까요. 늦은 밤 자취집으로 돌아오는 시내버스에 오르면 까닭 없이 눈물이 흘렀고, 눈물을 감추기 위해 고개를 깊숙이 숙이는 게 버릇이 되었습니다.

  그렇게 봄이 가고, 여름이 갔습니다.

  가을이 왔을 때, 처음으로 단편소설 하나를 썼습니다. 군대에서 겪은 날것 그대로의 이야기였죠. 시험 삼아 대학문예공모에 투고했는데 당선이 되었습니다. 용기가 생기더군요. 취업을 '한 해만' 미루겠다고 결심했고, 고향으로 돌아가 부모님 집 골방에 처박혔습니다. 삶을 명확히 규명하지는 못했으나 처절하게 규명하고 싶어한 작가들의 책을 읽었고, 그들을 그리워하며 타자기를 두들겼습니다. 오래 이어졌던 첫사랑을 떠나보냈습니다. 독서와 습작에 지치면 배낭을 꾸려 아무 곳으로나 떠났다가 돌아왔습니다. 그리고 스물일곱 살의 여름이 끝나갈 즈음 중편소설 하나를 탈고했습니다. 그 소설이 저를 소설가로 만들어주었습니다. 착각이었겠지만, 삶이 조금쯤 명료해 보였습니다.

  소설가로 살아가기 시작하면서 몇 해 동안 꽤 큰 변화가 일어났습니다. 길지는 않지만 직장생활을 했고, 결혼을 했고, 아이가 태어났습니다. 직장생활을 하는 동안 단 한 줄의 글도 쓰지 못하는 저를 본 아내가 어느 날 전업작가를 권했습니다.

직장에 사표를 던지고 선택한 이후 30년 넘도록 오직 글의 대가만으로 생활하는 전업작가로 살았습니다. 적지 않은 소설들을 썼고, 우연한 기회로 시작한 번역도 15년쯤 이력이 붙었습니다. 그렇게 '나'라는 존재의 삶이, 인생이, 이어지고 있습니다. 저는 제 삶의 팔과 다리를, 간과 쓸개를, 영혼을, 찢고 발기고 두들겨 패고, 짓이기고 물어뜯었습니다. 때론 어루만지고 간질이기도 했습니다.

삶은 제게 여전히 명료하지 않습니다. 영원히 규명할 수 없는 무엇으로 남아 있을 것 같은 생각이 들면, 불안하고 아득해집니다. 그럼에도 불구하고 어김없이 책상 앞에 앉아 컴퓨터 화면을 응시하며 키보드를 두들기고 있는 제 자신을 발견하며 운명이나 숙명 같은 단어를 생각합니다. 제게 허용된 '삶'이 그리 오래 남지 않았다는 생각이 들 때면, 끝내 명확함에 이르긴 어렵겠지만 다음 생을 위해 공덕을 쌓듯 써야 한다는 애틋한 기원이 안개처럼 피어오릅니다.

『인생』에는 35년 동안 소설을 써오면서, 소설이 아니었으므로 크게 중요하게 여기지는 않았으나 애정의 심도만큼은 소설에 못지않은 산문들이 담겨 있습니다. 명료하게 규명해보려 애써왔던 날들의 일기와도 같은 산문들을 정리하며 『에티카』를, 그 놀라운 책을 쓴 스피노자를 떠올렸습니다. "대중의 속된 생각들에서 명예를 찾는 자는 명성을 보존하기 위해 매일 걱정하고 불안해하면서 애쓰고 행동하며 시도하게 된다. 대중은 변덕스럽고 한결같지 못하므로 명성은 보존하지 못할 경우 재빨리 사라지기 때문이다. 게다가 모든 사람이 대중의 갈채를 받으려 하기에 각자는 쉽게 타인의 명성을 방해한다. 따라서 최후에 승리자로 떠오르는 자는 자신을 이롭게 했다기보다는 타인을 해쳤다는 데에서 더 큰 명예를 찾아낸다. 이런 명예나 만족은 진정한 명예나 만족이 아니기 때문에 실로 공허하다."

가난하고 소외된 인생에서도 끝없이 우주와 신을 명상했던 스피노자 선생께 보잘것없지만 제 삶이 담긴 이 책을 바칩니다.

하창수

차례

인생

하창수 에세이

5 인생을 시작하며

1부 | 시간을 꺾다

15 마음에 새기다 | 16 지혜의 나이, 나이의 지혜 | 19 간 | 20 웃음 | 22 수수께끼 | 23 싸움 | 24 문학과 담배 | 26 결핍의 의미 | 28 화 | 29 술 | 30 갇힘과 열림 | 31 파마머리 문사 | 32 고독의 가치 | 33 시詩를 얻다 | 36 공부 | 38 속임수 | 40 양심교과서 | 43 성직자, 여행가, 그리고 소설가 | 45 기도 | 46 적막한 언어 | 47 제자리돌기 | 48 파다 | 49 돕다 | 52 정의justice에 대하여 | 55 희망한다는 것 | 57 존 | 59 꿈 | 60 생명 | 61 함정 | 62 몸 | 63 잠 | 64 합리적인 합리 | 65 표정 | 67 우주 | 68 거장들의 고집 | 70 마지막 문장 | 71 진실 | 72 꾼 | 73 음악가 파스테르나크 | 74 채식주의 | 76 문 | 77 작품과 물건 | 79 생존 | 80 신성 | 81 정말 중요한 것 | 83 최선 | 84 사랑 | 85 원願 | 88 서점 | 90 생각하다 | 91 지켜보다 | 92 소망을 이룬다는 것 | 94 이해, 고통을 이겨내는 유일한 방법

2부 | 오래도록 기다린 이유

101 비애 | 102 물리적이지 않다는 것 | 103 제어하다 | 104 암흑의 연대 | 105 존재에로 가는 길 | 107 글쓰기의 어려움 | 109 철인哲人의 연인 | 110 지다 | 111 조의 사랑 | 114 다시, 사랑 | 115 보이지 않다 | 117 열다 | 118 아프다 | 119 물을 수 없다는 것 | 120 닮았을 뿐, 다른 존재 | 122 공정한 게임 | 124 디스토피아 | 126 절망 | 127 본분 | 129 통독通讀 | 130 비판 | 131 잘못 | 132 쓰임 | 133 돌이킬 수 없는 | 134 냉혹한 전망 | 135 겉핥기 | 137 청소 | 138 법에 대한 오해 | 140 하다 | 141 진실 | 142 지키다 | 145 아름다운 독자 | 146 멘탈 | 149 문학 | 151 '태우다'와 '타오르다'의 차이 | 155 부질 | 156 준령의 문학 | 157 남자, 들 | 159 물러서다 | 161 뒤집어지다 | 162 알다가도 모를

3부 | 저물녘에 읽은 신화

167 겐세이 정치학 | 170 영화라는 오락 | 174 가난은 '그'의 책임이 아니다 | 177 알 수 '있는' 사람의 마음 | 180 공부벌레 이야기 | 183 소설과 소설 | 186 성 불평등의 역사 | 189 병역, 면제와 기피 사이 | 192 유럽의 강들로부터 | 200 인간의 조건 | 203 의료사회주의 | 207 『벽암록』 읽는 시간 | 217 악플의 인류학 | 220 시간이 없다 | 223 누가 책을 두려워하는가 | 227 모를 권리 | 230 선다형 문제풀이 | 233 "소설 쓰고 있네"라는 말이 옳지 않은 네 가지 이유와 세 가지 확신 | 237 부모의 사랑이라는 절대적이고도 상대적인 철학 | 241 간신의 용도 | 245 기울어진 저울 | 249 마음의 물리력 | 253 합리적 의심의 두 얼굴 | 257 책의 값 | 260 번역, 외롭고 고단한 | 264 겸손과 예의를 묻다 | 267 값어치 이야기 | 271 자두나무 아래서 | 275 나이 듦을 생각하다 | 278 마지막은 없다

1부

시간을 꺾다

"우리는 우리들이 증오하는 것을 슬픔으로 자극하면 우리들이 표상하는 모든 것은 그 증오하는 것에 대하여 긍정하려고 하며, 반대로 우리가 증오하는 것을 기쁨으로 자극하면 우리가 표상하는 모든 것을 부정하려 한다."

— 스피노자, 『에티카』, 제3부 「정서의 기원과 본성에 대하여」, 정리26

마음에 새기다

  일기를 오래 썼다. 백 권쯤 되는 저마다 모양이 다른 일기장의 맨 첫 페이지에는 좌우명처럼 세 문장이 쓰여 있다. 내가 약하다는 사실을 잊지 말라. 내가 틀릴 수 있다는 것을 기억하라. 내가 언제든 무無의 길로 갈 수 있음을 명심하라.

지혜의 나이,
나이의 지혜

 따뜻함마저 슬픈 눈으로 바라보게 된다. 나이가 들면 지혜로워진다는데, 정말 그런가, 자주 묻는다. 고향에 잘 가지 않는 것, 아름다운 풍경을 너무 오래 바라보지 않는 것, 위로의 말을 가능하면 빨리 잊는 것을 어떻게 지혜로운 일이라 할 수 있는가. 송경동 시인의 「금은방 앞에서」를 읽다가 어금니를 지그시 물었다.

> 핀셋으로/ 시계의 작은 배를 들추는/ 손이 촘촘하다/ 밤송이만 한 렌즈를 눈에 끼고/ 바퀴벌레알만 한 나사를 돌리는 것도/ 그만이 아는 세계가 있는 것처럼/ 신비롭다/ 내일을 잃은 시계 가슴에/ 새 전지를 넣어주고/ 알 빠진 결혼반지 홈에/ 맑은 큐빅을 박아주는/ 평범한 시계수리공이/ 어떤 이상보다 미더워/ 한사코 손잡아 끄는 아내를 밀치고/ 금은방 앞 뜨지 못한다

 나이가 들면서 앞으로 나서기보다 뒤로 물러서는 빈도가 잦아진다. 걸음이 느려진 것을 인식하는 속도조차 느려졌다. 젊었을 땐 고개를 푹 숙일 때가 많았다. 대부분은 분노를 감추기 위해서였다. 용서를 구하거나 사과를 하는 대신 그렇게, 상대가 볼 수 없도록 얼굴을 감추었다. 그것이 더 표가 난다는 걸 모를 때였다. 감출수록 더 잘 드러난다는 것을 모를 때는 그것조차 용

기인 줄 알았다. 젊었을 때의 용렬함이 때론 부러워진다. 지금은 그럴 수 없다. 고개를 숙이는 대신 얼굴 가득 웃음을 머금고, 분노를 아예 드러내지조차 않는다. 상대의 어깨를 두드리는 일도, 그에게 손을 내미는 일도, 입에 발린 치사의 말도, 쉽고 가볍게 이루어낸다. 그러고도 부끄러운 줄을 모른다. 이것이 지혜라면, 지혜는 세상에 없다.

 이제, 또 다른 부끄러움이 나이와 함께 밀려든다. 때로는 태풍처럼 닥친다. 살아온 모든 날들, 시간들, 분과 초들 사이에 촘촘히 박힌 부끄러움들을 모두 떠안은 채 온몸의 세포들이 수치와 치욕으로 빼곡하게 채워진다. 폐부의 숨을 길게 내쉬어도 속은 시원해지지 않는다. 숨이 빠져나간 자리가 금세 또 뭔가로 채워지는 것이 느껴진다. 생각이 많아졌지만 생각의 속도를 따라가는 일은 더 느리다. 그렇게 느려지고 더뎌진 것을 지혜라 부른다면, 그럴 수도 있다. 그러나 그것은 노회老獪한 지혜다.

 "젊은이들아, 나이든 자들에게 속지 말아라" 하고 말하고 싶어진다. "저 나이든 자들의 부드러운 몸짓에, 진지한 언변에, 속 깊은 눈빛에 속지 말아라. 그들의 몸, 언변, 눈빛은 노회의 다른 말이다. 그들은 경험은 풍부하나 교활하다. 그대들도 나이가 들면 어김없이 가지게 될 테니, 미리 거기에 넘어가지 말라. 슬픔을 슬픔으로, 따뜻함을 따뜻함으로, 굴욕을 굴욕으로 느끼고 간직하는 것 – 나이든 자들에겐 이것이 불가능하다. 그대들은 그대들의 길을 가라. 그렇게 가서 다다르는 곳이 인류의 저 치졸한 업보의 태산 앞이더라도 그것은 그대들의 잘못이 아니라 앞서 간 자들이 그렇게 길을 낸 때문이니 그대 자신을 탓하지 말라. 잘못은 그대들을 낳고 기른 우리에게, 내게, 있다. 그대들이 결국은 다다르게 될 노회한 시간, 오래된 약속이 파묻혀 흔적조차 없는 낡은 시계탑 아래 섰을 때, 우리의, 나의 영혼이 서성이거든, 어금니를 꽉 깨물며 다가와 힘껏 노려보라. 그리곤 떠나라."

간

　인생이란 종종 소금 치는 걸 잊어먹은 계란프라이를 먹는 것과 같다. 버리기에는 아깝고, 뒤늦게 소금을 치기에는 멋쩍어서, 그냥 먹는. 참 우둔한 인생.

웃음

웃음에 대한 과학자들의 보고서에 따르면, 사람은 하루에 17번을 웃는다. 인도에는 수백 개의 웃음클럽laughter club이 성업 중이다. 클럽의 회원들은 아침이면 한 데 모여 팔을 머리 위로 뻗치고는 웃는 척pretend to laugh을 하는데, 순식간에 모든 이가 웃음을 터뜨리게 된다. 이 거짓 웃음은 끊이질 않고 이어지며 마침내 진짜 웃음으로 변해버린다. 백 번을 웃을 때 일어나는 근육의 움직임은 5분을 달리는 동안 움직이는 근육의 양과 맞먹는다.

웃음의 비밀을 풀어보려 애썼던 프랑스의 철학자 앙리 베르그송은 "사람은 왜 웃음을 터뜨리게 될까?"에 대한 의문을 파고들어 세 편의 논문으로 구성한 『웃음』이란 책을 펴냈다. 그는 아이러니와 유머를 구별하며 이렇게 말한다. "아이러니는 내부적으로 뜨겁게 가열되어서는 일종의 강력한 웅변이 될 수도 있는 것이다. 이와는 달리 유머는, 보다 냉담한 무관심을 가지고 그 특성을 포착하기 위해 악의 내부로 더 낮게 내려가면 갈수록 강화된다." 무슨 말일까? 베르그송이 제시한 예문이 있다. "길거리를 달리고 있던 한 남자가 비틀거리다가 넘어진다. 이를 본 행인들이 웃음을 터뜨린다. 만약 그가 갑자기 땅바닥에 주저앉을 생각으로 그랬다는 것을 사람들이 가정했다면 그들은 웃지 않았을 것이다."

웃는 척만 해도 벼락처럼 터지는 순정한 위선 – 웃음은 허가 찔렸을 때, 전혀 예상하지 못한 상황에서 발생한 사건에 대한 반응이란 점에서, 공포와 다르지 않다. 그렇다면 그때의 웃음소리는 비명과 또한 다르지 않다.

수수께끼

　아직 펼쳐보지 않은 책은 답이 말하여지지 않은 수수께끼다. 수수께끼의 답은 문제 안에 그 전부가 농축되어 있다가, 답이 말하여지는 순간 해체된다. 그것은 희열일 수 있지만, 또한 비극이기도 하다. 가령, 오이디푸스의 비극은 스핑크스가 낸 수수께끼를 푸는 순간 시작되었다. 답을 알게 된 자는 그 이전으로, 알지 못한 상태로 결코 돌아갈 수 없기 때문이다. 지식은 일종의 오염이다. 그러나 오염은 필요악과 같다. 어떤 책도 펼치지 않는 자는 오염되어 있지는 않지만, 텅 비어 있다. 그 텅 빔은 채웠다가 비워낸 상태가 아니라 처음부터 아무것도 들어 있지 않은 것이다. 만약 펼쳐보지 않은 한 권의 책을 응시하는 것만으로 그 진면을 알아낼 수 있다면 비극적 운명을 피해갈 수 있겠지만 우리의 삶은 아라크네가 짠 끊어지지 않는 운명의 끈에 이끌려 나아간다. 지식은 운명과 동의어다. 펼쳐지지 않은 책은 언젠가는 누군가에 의해 펼쳐지게 되어 있다. 그리고 그 누군가의 운명이 된다. 수수께끼가 풀리고, 필요악으로서의 비극이 시작된다.

싸움

　대부분의 철학, 특히 서양철학의 논지는 번역상의 문제를 차치하고 쉽게 이해되는 법이 없다. '문리文理가 터지는' 어떤 순간을 경험하지 않으면 그것은 어쩌면 영원히 암호문에 불과할는지도 모른다. 이들 중에서도 특히 난해한 두 철인이 스피노자와 화이트헤드다. 이들의 책은 잠이 오지 않을 때 읽기에 딱인 듯하지만, 잘못 펼쳤다가는 오히려 극심한 불면증에 시달릴 수도 있다. 그러나 두통이 동반되는 이런 유형의 독서에도 무언가 소득은 있다. 쟁투심을 불러일으킨다는 것! "누가 이기나 한번 해보자……"라는 중얼거림은 엄청나게 중요한 어떤 '기회'를 대변한다. 이 싸움에서 대부분은 패퇴하지만, 승리만이 의미가 있는 건 아니다. 승리보다 더 큰 의미를 지닌 패배를 경험한 자는 이후 불패의 신화를 써내려갈 수도 있다.

문학과
담배

　예전엔 담배를 끊는 게 대단한 일처럼 보였지만 요즘은 술자리에 열 명쯤 모이면 놀랍게도 일여덟이 담배를 피우지 않는다. 담배를 피우기 위해 자리를 뜨는 소수가 되어버린 흡연자의 표정은 어딘지 모르게 떨떠름하다. 그런데 문인들이 모이는 자리는 사정이 많이 다르다. 열 명이 모이면 일여덟은 흡연자다. 일제히 자리를 박차고 일어나는 그들의 얼굴에서 '떨떠름'을 찾기는 쉽지 않다. 술집 창밖 너머로 가열차게 연기를 뿜어내는 그들의 모습을 보고 있으면 때론 담배를 끊은 것이 후회가 될 정도다.
　언젠가 그 모습을 망연히 지켜보던 동료 하나가 농담처럼 던졌다. "문학에는 두 종류가 있어. 흡연자에 의한 문학과 비흡연자에 의한 문학."
　우르르 밖으로 나갔던 흡연문학가들이 다시 들어오면 그들의 입에서는 비흡연문학가에 대한 혹독한 묘사가 이어지기도 하고, 어렵사리 금연에 성공한 비흡연문학가 두셋의 반격이 만만찮게 일어난다. 하지만 승리는 대부분 흡연문학가의 몫이다.
　담배를 끊은 지 20년이다. 내 경우엔, 하루 두 갑에 이르던 담배를 그야말로 하루아침에 끊었다. 덕분에 "독하다"는 소리를 엄청나게 들었다. 그중에서도 정말 참아내기 힘들었던 것은 "유익하게만 사는 게 항상 옳은 건 아니야. 특히 문학하는 사람에겐……"이란 말이었다. 어느 흡연문학가가 냉혹한 표정을 지으며 한 그 말은 가끔보다 좀 더 자주 비수처럼 옆구리에 꽂힌다. 글이 잘 써지지 않을 때는 더더욱.

결핍의
의미

　노벨문학상조차 그의 문학을 질투했다는 농담이 왠지 농담처럼 느껴지지 않는 아르헨티나의 시인이며 소설가인 호르헤 루이스 보르헤스는 질식으로부터 살아남기 위해 독서를 멈추지 않았다. 부에노스아이레스의 공립도서관에 근무하던 그는 그 절정의 한 단면을 보여준다.

　몇 푼의 월급을 받기 위해 자신에게 주어진 일로 오전 시간을 보낸 말단 사서 보르헤스가 홀로 점심을 먹은 후 지하서고로 이어진 계단을 뚜벅뚜벅 내려가는 모습은 무척이나 '카프카'스럽다. (실제로 그는 거기서 카프카를 처음 만났고, 카프카를 처음으로 아르헨티나에 소개한 것도 그였다.) 오후 내내 그는 책의 성벽에 둘러싸여 읽고, 쓰고, 외국어로 된 소설들을 자신의 나라말로 옮겼다. 집으로 돌아오는 버스 안, 그의 손에는 어김없이 책이 쥐어져 있었다.

　책으로부터 떠날 수 없었던 그의 삶은 천국의 삶이었을까, 지옥의 삶이었을까? 훗날 자신이 읽어낸 외국의 소설들 가운데 스무 명의 작가들을 골라 그들의 단편집을 엮고 거기에 『바벨의 도서관』이란 이름을 붙였을 때, '바벨'은, 적어도 그에겐, 절절하며 적확한 은유였다. 신의 권능에 대한 도전이자, 신에 대한 더없는 예찬인 바벨.

　신이 만약 누군가를 사랑한다면, 신은 그 사람에게 풍족함이 아니라 결핍을 줄 것이라고 나는 믿는다. 그 결핍들을 하나씩 채워가는 그 사람을 보며 신은 조용히 눈물을 삼킬 것이다. 풍요의 버튼으로 움직이는 손길을 뒤춤에 감춘 채 묵묵히 지상을 내려다보고 있는 신의 모습이, 보르헤스를 읽을 때마다 시야를 가린다.

화

    분노 없이 산다면 인생이란 한낱 오후의 짧은 잠에 불과하다. 때로는 이 생각에 사로잡힌 채 빠져나오지 못한다. 그러다가 픽 웃는다. 하루 온종일 치는 벼락도, 하루 온종일 내리는 소낙비도, 없다. 결국 생각을 바꾼다. 분노만 하며 사는 인생이란 한낱 오후의 짧은 잠에 불과하다.

술

 『우묵배미의 사랑』과 『머나먼 쏭바강』의 작가 박영한 선생을 생각하면 맨 먼저 떠오르는 게 술이다. 위암으로 위를 떼어낸 뒤에도 술을 많이 드셨다는 얘기가 사실이라면 결국 선생을 하늘나라로 데려간 것은 술이다. 가끔보다 꽤 더 자주 나는 술을 마시던 중에 "이렇게 마시다 죽지"라는 소리를 소리 없이 중얼거리곤 한다. 물론 나보다 몇 배는 더 많이, 더 자주 마시는 지인들을 꼽으라면 두 손에 두 발까지 사용해도 모자란다. 어쨌거나 술은 천하에 둘이 있을 수 없는 동무이며 원수다. 그는 내 어깨를 다정히 곁지만 호시탐탐 내 숨통을 노린다. 그는 즐거이 내 심장에 에너지를 불어넣지만 일거에 거두어갈 기회를 엿본다. 니체에게서 디오니소스를 볼 때 나는 절정에 다다른 영혼의 희열과 동시에 육체의 몰락을 경험한 듯 아찔해진다. 스물 몇 살의 어느 저녁, 밥을 대먹던 동네 식육식당의 돼지찌개 냄비로 달려들던 여러 개의 순가락과 젓가락을 기억한다. 술의 아름다움, 술 마시는 일의 아름다움이 인에 박히기 시작한 그때의 내가 더 이상 젊을 수 없는 어느 밤으로 빛의 속도로 건너와 빙긋이 웃는다. 오늘은 술을 먹지 않았다. 덕분에 그 웃음을 볼 수 있다.

갇힘과
열림

  어느 특정한 – 좁으면 좁을수록 더 효과적이다 – 공간에 갇혀보면 물리적인 것과 정신적인 것 사이의 긴밀한 관계를 거의 완벽하게 이해할 수 있다. 물리적 제약과 정신적 제약은 격렬히 다투지만, 너무도 쉽게 화해하고 농밀하게 서로를 탐닉하기도 한다. '감금'을 가리키는 영어단어 confinement는, 놀랍게도, 아이를 낳는다는 '분만'과 '해산'의 의미로도 쓰인다.

파마머리
문사

  매우 개인적인 의견임을 전제하고, 작가는 머리카락과 관련해서만은 삼손의 후예다. 머리가 짧을 때와 덥수룩할 때의 글의 차이가 분명하다. 머리가 짧다는 건 신변정리가 명쾌하게 잘 이뤄진다는 뜻이고, 그래서 글은 명료하다. 하지만 어딘지 가볍다. 머리가 덥수룩하다는 건, 뭔가에 골몰해 있다는 뜻이고 그만큼 주변이 어수선하니 글 역시 갈피가 없다. 하지만 묵직하게 가라앉는 데가 있다. 머리를 볶았다. 치렁하게 늘어져 자꾸만 눈을 찔러대는 통에 가위질을 하려다가, 이왕에, 하는 생각이 들어 동네 미용실을 찾아간 것이다. 이제 어떤 글이 나올지 궁금하다.

고독의
가치

  온전히 혼자가 된다고 해서 다툼이 없고, 삐걱거림이 없는 건 아니다. 인간이란 절해고도에서도 갈등을 빚고, 충돌하고, 해칠 수 있다. 다만, 타인을 공격하지 못할 뿐이다. 중요한 것은 바로 이 사실이다. 다투고 해치더라도 자기 자신에게만 한다는 것. 스스로를 죽이는 일을 아슬아슬하게 면했을 때, '나'와의 화해에 도달할 때, 비로소 발견한다. 우리 모두가 각자의 '나'였다는 것을. 세상에 '너'란 존재하지 않는다는 것을. '너'를 상대로 한 다툼과 갈등과 충돌과 해침은 '나'에 대한 온전한 이해에 도달하지 못한 자의 우행愚行에 불과하다는 것을.

시詩를 얻다

 원굉도袁宏道란 사람이 있다. 중국 명나라 사람으로, 계훈낭중稽勳郎中이란 벼슬을 지내서 원중랑袁中郞이라 불리기도 한다. 그의 형과 아우도 모두 문재가 뛰어나 삼원三袁이란 별명을 얻기도 했다. 예부터 내려오던 격식을 갖춘 문투에 얽매이지 않고 자신의 마음과 생각을 드러내는 자유로운 글쓰기를 주장하며 개성적인 시문을 많이 남겼다.

 수년 전 한문에 조예가 깊은 한의사로부터 원굉도의 방대한 문집이 우리말로 출간되었다는 소식을 전해 듣고 반가워 얇은 지갑에도 불구하고 권당 3만 원 가까운, 열 권으로 된 전집을 사서 보물처럼 아껴 읽고 있다. 그 전집의 역자(심경호)는 원굉도를 "인간 존재의 문제에 대해 진지하게 탐색하는 한편으로, 세속의 삶을 조롱하면서 일견 퇴폐적이라고까지 할 감각적 취미를 지녔던 인물"로 평가했다. 원굉도의 시문을 읽다 보면 팔다리가 꽁꽁 묶인 채로 살아가는 삶이 우스워지면서도 생의 철학이 은근히 깊어짐을 절로 느끼게 된다. 원굉도의 문장에서 내가 유달리 좋아하는 것이 있는데, 못 쓰는 글씨지만 손수 정성을 다해 써서 책상머리에 붙여놓고 가끔 올려다보곤 한다.

> 散髮長吟穀水邊(산발장음곡수변)
> 吹烟唾月小遊仙(취연타월소유선)

也知紫閣雙扉夢(야지자각쌍비몽)

不破靑溪半枕眠(불파청계반침면)

避客偶然抛竹屨(피객우연포죽구)

邀僧時一上花船(요승시일상화선)

無心更着紅衫去(무심갱착홍삼거)

學得寒灰古木禪(학득한회고목선)

머리 풀어헤치고 곡수 가에서 길게 읊으니

아지랑이 뿜고 달을 토해 작은 신선이 된 듯하네

알겠구나, 붉은 누각 대문 열고 드는 꿈이

푸른 냇물 반나절 잠을 깨우지 못하는 것을

손님을 피해 우연히 대나무 미투리 벗어놓고

스님 모셔다 때마침 꽃 놓인 배에 오르니

붉은 관복 다시 입을 마음 사라지고

식은 재 늙은 나무의 선禪을 배워 얻노라

 세상의 마룻바닥을 울리며 쿵쾅쿵쾅 뛰어다니고, 있는 출세 없는 성공 찾아 눈 빨갛게 쫓아다녀도, 그래서 얻어지는 가장 큰 것이란 고작해야 천금 아니면 호의호식에 불과하다. 금고를 아무리 채우고, 날마다 위장에 기름진 음식을 밀어 넣어도, 얻는 건 더 큰 욕심, 늘어나는 건 두툼한 내장지방뿐이다. 이런 삶이라면 어찌 꿈속에서 시를 얻을 수 있고, 깨어난 뒤에 그 시를 읊을 수 있겠는가. 시를 얻지 못하고 시를 읊을 수 없는 삶이란 너무도 공허하여 차마 삶이라 말할 수 없다. 알력과 질투가 난무하는 기사를 읽으며 하루를 시작해 위악과 비탄으로 얼룩진 뉴스로 하루를 마감하는 삶 - 이건 꿈 없는 삶이며, 또한 삶이라 할 수 없다. 살아 있는 시체, 걸어 다니는 송장의 삶, 숨 쉬는 죽음에 불과하다.

  원굉도는 어느 날 잠이 들었다가 꿈속에서 시를 얻고夢中得詩(몽중득시), 잠을 깨어 가만히 두 연을 떠올려醒記中二聯(성기중이련), 그것으로 나머지를 완성했다足成之(족성지). 아름다운 꿈을 꿀 수 있는 자만이 세상을 아름답게 할 수 있다는 것 - 자명하고 당연하다.

공부

 고향에 사는 띠동갑 누나는 통화를 할 때마다 "그래, 공부는 잘 되고?" 하고 묻는다. 소설가로 살아온 지 30년을 넘긴 동생에게 누나는 이제껏 한 번도 소설, 창작, 작업 같은 단어를 사용한 적이 없다. 그 모든 걸 '공부'라는 단어에 집어넣어버린다. 누나와 통화를 하고 나면 뭔지 모를 다짐 같은 게 생기는 건 아마도 바로 그 '공부'라는 단어 때문임이 분명하다.

 세미콜론으로 끝도 없이 이어지는, 한 문장이 페이지의 거의 2/3를 차지하는 윌리엄 포크너의 소설을 번역할 때 일이다. 말 그대로 머리에 쥐가 날 지경이 되었을 때 벼락처럼 떠오른 게 있었는데, 중국영화에 흔히 나오는 '쿵푸'였다. 오래전 불교 관련 소설을 쓸 때 인연이 닿았던 어떤 스님이 체력보강을 하라며 가르쳐준 거였다.

 "쿵푸를 한자로 쓰면 공부功夫가 되는 건 알지요?" 하며 스님은 내게 간단한 몇 가지 동작들을 시연해 보였는데, 그 동작들을 그저 흉내내며 반복하는 것에 불과하지만 신기하게도 5분쯤 하면 등줄기로 땀이 흐르고 10분쯤 되면 몸이 한결 가벼워져 이소룡이나 이연걸이 된 것 같은 기분이 된다. 그렇게 30분가량 뻗고 당기고 꺾고 휘돌고 나면 마치 알차게 공부를 한 듯이나 마음까지 그득해지고, 머리도 청명해진다.

 "쪽에서 뽑아낸 푸른 물감이 쪽보다 더 푸르다"는 뜻으로 제자나 후배가 스승이나 선배보다 더 뛰어날 때 쓰는 청출어람靑出於藍의 고사는 『순자』라는 책에 나오는 유명한 일화다. 하지만 자신보다 뛰어난 제자를 흐뭇하게 여겼던 스승의 뒷얘기는 그다지 많은 사람들에게 알려져 있지 않다. 내게 쿵푸라는 '공부'를 가르쳐준 스님이 어느 날 차를 마시며 나를 지그시 바라보며 해준 얘기가 바로 청출어람 고사 속에 나오는 스승의 후일담이었다.

"모름지기 공부란 멈추면 뒤로 물러나는 법입니다. 공자는 그래서 공부를 가리켜 강물을 거슬러 올라가는 거라고 했지요. 청출어람 얘기에 나오는 스승은 제자가 자신을 능가할 정도로 성장한 것을 보고 그를 하산시킨 뒤에 홀로 다시 공부에 정진합니다. 그리곤 어느 날 제자를 다시 불러 일합을 겨루었지요. 제자가 자신을 이기지 못하자 그를 매우 꾸짖으며 다시 공부를 하라 합니다. 공부란 멈추면 하지 않은 것이 되고 말지요."

글을 쓰는 일이든 쿵푸든 '공부'를 쉬면 강 하구까지 밀려가 모래톱에 털버덕 주저앉아버린다. 거기 그대로 있으면 또 얼마나 더 밀려 나갈지 알 수 없다. 공부는 운명과 다르지 않다. 끌려다닐 것인지 끌고 갈 것인지는 목적어인 공부나 운명이 아니라 주어인 '나'에게 달려 있기 때문이다.

속임수

대학 신입생 때는 교양국어, 교양국사 하는 식으로 기본적인 과목 앞에 '교양'이란 말이 붙어 있었다. 영어도 당연히 '교양영어'였다.

교양영어 시간에 배운 것 가운데 가장 '교양 있는 영어'는 완곡어법婉曲語法이라고 옮겨지는 유퍼미즘euphemism이었다. 당시 교양영어를 가르치던 서른 살쯤 된 시간강사는 이제껏 내가 만나본, 영어강의에 관한 한 첫손에 꼽을만한 유능한 선생이었다.

"우리는 사람이 죽는 걸 가리켜서 죽는다, 라고 직설적으로 말하지 않고 세상을 떠나다, 라고도 하고, 돌아가시다, 라고도 하잖아요. 영어도 마찬가집니다. 앞으로는 다이die보다는 패스 어웨이pass away를 써보세요. 멀리 가셨다, 멀리 떠나셨다, 는 식으로 완곡하게 얘기하는 걸 유퍼미즘이라고 합니다."

얼마나 귀에 쏙쏙 들어오게 가르침을 받았던지, 당시 그 분이 들어주었던 예문들 중에는 아직도 잊지 않고 있는 것들이 많다. 구두쇠에 대한 표현도 그중 하나다. miser, cheapskate, skinflint, tightwad 등등, 구두쇠를 가리키는 단어들을 죽 설명하고 나서 그는 흥미로운 예문을 들어주었다.

"만약에 어떤 사람을 구두쇠라고 할 때, 그는 자린고비였다He was stingy, 라고 하게 되면 뭔가 비아냥거리는 게 되겠지요. 그런데 구두쇠라는 뜻을 해치지 않으면서도 어떤 사람인지를 드러내는 표현이 있어요. 그 사람은 여기저기 돈 뿌리고 다니는 사람은 아니죠He's not a man throwing money around, 라고 하는 겁니다."

완곡어법은 누군가 혹은 어떤 상황을 직설적으로 표현하지 않고 의미를 손상시키지 않으면서도 에둘러 뜻을 전달하는 것인데, 하지만 때로는 대놓고 힐난하는 것보다 한 수 위의 비아냥거림일 수도 있다. 있는 그대로 말하는 것이 차라리 더 나은데 슬쩍 비틀어 더 큰 모욕을 주려는 의도를 가질 수도 있기 때문이다. 그래서였을까, 미국의 유명한 여성 싱어송라이터 바비 젠트리는 대놓고 쏘아붙였다. "유퍼미즘은 한낱 거짓말을 위한 유퍼미즘일 뿐Euphemism is an euphemism for lying."

양심교과서

 우리나라는 수출국이다. 수출로 '한강의 기적'을 만들었고, 세계적 경제대국의 반열에 올랐으며, 한때는 '사람'도 수출했던 나라다. "수출만이 살길"이라고 외쳤던 권력은 온갖 비리로부터 버젓이 용서되고 사면되었다. 수출기업들이 즐비하게 늘어선 공단, 하늘을 찌를 듯 솟구친 굴뚝에서 뿜어지는 연기가 시꺼머면 시꺼멀수록 나라가 더 부강해진다고 믿던 시절도 있었다. 그러나 수출로 벌어들이는 국부의 많은 부분이 국민의 주머니가 아니라 수출기업을 소유한 이른바 재벌이라는 대기업의 통장으로, 그 가운데 상당한 액수가 그 재벌가의 개인금고 속으로 들어갔다는 건 초등학생도 아는 사실이다. 그 검은 '루트'의 실상을 파헤치려 한 국회의원이 초등학교 학생도 다 아는 사실을 발설했다는 이유로 의원 배지를 반납해야 하는 나라가 또한 우리나라였다. 수출국 대한민국의 유쾌하지 못한 실상이다.

 수출국 대한민국이 지닌 불유쾌한 이면에는 폐유 같은 산업쓰레기와 전자쓰레기로 분류되는 'e-waste'도 수출하는 나라란 사실이 존재한다. 이 추악한 쓰레기들로 가득 들어찬 컨테이너에는 보란 듯 '기부'라는 딱지가 붙어 있다. 하지만 이것이 기부가 아니란 것은, 기부는커녕 오히려 죽음의 선물이라는 것은, 조금만 설명을 들으면 초등학교 저학년도 알 수 있는 사실이다.

 언젠가 다큐멘터리를 통해 전자쓰레기로 가득 찬 컨테이너가

하루에 600개나 쏟아져 들어오는 세계 최대의 쓰레기마을, 서부 아프리카 가나의 아그보그블로쉬의 참상을 본 적이 있다. 거의 매일 연출되는 그곳의 참상은 끔찍하다는 형용사만으로는 모두 형용할 수 없다. 아그보그블로쉬의 가난한 아이들은 머지않아 고통스럽게 죽어갈 거라는 사실을 뻔히 알면서도 중금속으로 들어찬 쓰레기더미를 뒤진다. 조금이라도 더 비싼 '중금속'을 찾기 위해 그들은 기발한 아이디어라도 되는 듯 해체된 전자부품들을 불에 태워 잿더미 속에서 찾아내는 방법을 쓰지만, 거기서 뿜어져 나오는 독성 가득한 연기는 결국 고스란히 그들의 폐 속으로 빨려 들어간다.

아프리카의 어린 폐들을 잠식하며 연기를 내뿜는 전자제품들, 거기에 박힌 파랗거나 빨간 로고에는 바로 세계 굴지의 수출국인 우리나라 재벌기업들의 이름이 찍혀 있다. 환경국가니 지상낙원이니 하는 별명으로 불리는 캐나다와 북유럽 국가들이 미국이나 일본과 어깨를 겯는 쓰레기수출 세계랭킹 상위권을 형성한다는 사실로부터 위안을 받을 수 없는 이유가 여기에 있다.

가난은 개인만이 아니라 국가에게도 똑같은 운명을 강요한다. 부자(나라)의 도덕적 자각이나 양심 따위에 호소하거나 기대는 건 그 자체로 운명을 깔보는 행위로 취급당한다. "그럼 어떻게 할 건데?"라는 도전적인 물음은 어떤 해답도 가져다주지 못한다. 우울하고 슬프지만 답은 없다. 이렇게 흘러가게 될 뿐이다. 인간의 역사는 늘 이렇게 흘러왔고, 이 흐름이 바뀌리라는 어떤 달콤한 예언도 허섭스레기에 불과하다. NGO들의 "쓰레기 수출국이라는 오명"에 대해 "그럼, 수입하리?"라고 당당히 맞받아치는 정부와 재벌은 실은 "쓰레기 수입국만은 되지 않기"를 바라는 우리들의 뻔뻔한 모습일는지도 모른다. 그런 우리가 읊조리는 사랑, 열망, 공존 같은 아름다운 개념의 단어들은 샤넬 향수를 뿌린 종이로 만들어진 장미에 대한 예찬에 불과하다.

수출이 국부를 쌓는 지름길이라는 것이 자본주의 경제학 교과서의 기초에 해당되는 것이라면, "내가 하기 싫은 일은 남에게 해서는 안 된다"는 건 3천 년 이전에 이미 만들어진 양심교과서의 기초에 해당한다. 하기야, 4대강으로 국가의 자연환경을 통째로 거덜내버린 대통령이 국가가 줄 수 있는 최고의 훈장을 제 손으로 자신의 가슴팍에 달아주었던 나라에, 골프장이 남아돌아가는데도 굳이 산과 들을 깎고 파헤쳐 독성 가득한 잡초제거용 농약을 뿌려대는 기업과 그런 기업을 쌍수를 들어 환영하는 지자체장들이 즐비한 나라에, 3년도 아니고 3천 년이나 지난 양심교과서가 무슨 대수겠는가.

성직자, 여행가, 그리고 소설가
—우화 1

목사와 여행가와 소설가가 한날한시에 죽어 천국과 지옥으로 갈라지는 갈림길에 섰다. 세 사람은 갈림길 초입에 세워진 두 개의 이정표를 물끄러미 바라보며 저마다 고개를 갸웃거렸다. 이정표에는 천국도 지옥도 아닌, 그저 거리만 표시되어 있을 뿐이었다. 하나는 1킬로미터, 다른 하나는 2킬로미터. 갈림길 한가운데에 서 있던 안내인이 세 사람을 바라보며 말했다.

"여기 두 길 중 하나를 선택해서 일단 떠나게 되면 다시 돌아올 수는 없습니다."

안내인의 말이 끝나자 먼저 여행가가 2킬로미터 길을 선택했다. 목사와 소설가가 왜 그 길을 택했는지 이유를 묻자 여행가가 대답했다.

"당연하지 않소. 1킬로미터보다는 2킬로미터가 두 배나 먼 길이니 구경할 것도 그만큼 많을 테지요."

여행가가 2킬로미터라고 쓰인 길로 걸음을 떼고 얼마 지나지 않아 양쪽 길을 번갈아가며 유심히 관찰하던 목사가 1킬로미터 길을 선택했다. 그 길을 택한 이유를 물은 소설가에게 목사가 한 답은 이런 거였다.

"1킬로미터 쪽 길이 2킬로미터 쪽 길보다 폭이 조금 더 좁다는 걸 발견했어요. 주님께선 무릇 의로운 자는 좁은 길로 가라고 하셨습니다."

기대 가득한 얼굴로 발걸음을 떼놓는 목사를 향해 소설가는 손을 흔들어 작별의 인사를 했다.
　여행가와 목사는 그렇게 자신들이 선택한 길을 따라 떠났다. 하지만 그러고도 한참이나 지난 뒤에도 소설가는 골똘히 생각에 잠겨 있을 뿐 어느 쪽 길도 선택하지 못했다. 이미 꽤 먼 곳까지 걸어간 여행가와 목사가 고개를 돌려 소설가를 향해 뭐하고 있는 거냐고 나무라듯 큰소리로 말했지만, 소설가는 아무런 대답도 하지 못한 채 그저 둘을 향해 손만 흔들 뿐이었다. 두 사람의 모습이 아스라이 사라지고도 한참이나 지난 뒤까지 소설가는 처음 그대로 갈림길 앞에 선 채 이정표만 올려다보았다. 그의 눈에는 눈물까지 가득 고여 있었다.
　안내인이 안쓰러운 표정으로 소설가를 바라보며 물었다.
　"왜 그러고 있는 겁니까? 지옥을 선택할까봐 걱정이 되는 것입니까?"
　소설가는 안내인의 물음에 고개를 설레설레 흔들었다. 그리곤 물기가 그렁그렁 맺힌 눈으로 안내인을 바라보며 힘없이 말했다.
　"이 기막힌 소재를 눈앞에 두고도 쓸 수가 없다고 생각하니, 억울하기도 하고 안타깝기도 해서 그럽니다."

기도

    신이여, 당신만이 저를 진정으로 용서해줄 수 있다는 것을 압니다. 그러나 가끔은 저도 저를 진정으로 용서할 수 있도록 제게 자비를 허락하소서.

적막한
언어

  세계 1% 부자에 속하는 워렌 버핏은 부자가 되는 법칙 두 가지를 말했다. "법칙1: 돈을 잃지 말라. 법칙2: 법칙1을 잊지 말라." 카리브해의 가난한 나라 출신 뮤지션 밥 말리는 "밝은 미래를 위한다면, 당신은 당신의 과거를 잊어선 안 됩니다"라고 말했다. 우리 시대 영혼의 스승 달라이 라마는 말했다. "행복은 이미 만들어진 것이 아니라, 당신 자신의 행동으로부터 나온다."
  언어가 존재의 집이라는 하이데거의 언설을 굳이 들먹이지 않더라도 우리의 삶이 얼마나 많은 언어의 벽돌로 차곡차곡 쌓여 있는지를 우리는 안다. 이 사실은, 당연한 일이지만, 우리가 언어에 예속된 존재라는 것을 일러준다. 어른이 되고 난 뒤, 더구나 글이란 걸 직업적으로 쓰는 일을 하고 난 뒤, 내가 한 일은 분명하고 명백하게 관념으로서의 언어로 현실을 조직하고 직조하는 것이었지만, 그러나 생각해보면, 내가 진정으로 꿈꾼 것은 언어로부터의 탈출을 완성하는 것이었다. 아무리 명징하고 분명한 개념의 언어들로 설파되어 있을지라도 결국 한낱 허상의 언어로 이루어진 관념의 연기에 불과하다는 사실에 닿을 때 온몸을 감싸는 것은 쓸쓸함이다. 견고한 절망이라 해도 과장은 아니다. 그리고 꿈꾸었다. 언어가 끊어진 곳에 닿아 청각을 상실한 듯 고요에 빠질 수 있기를, 요동치는 감정들이 사라지고 울림마저 멈춘 그곳에 거할 수 있기를.

제자리
돌기

  '모던modern'은 시간의 개념이 아니라 품격의 개념이다. 우리는 과거의 진지함을 비웃으며 지금의 현대성을 증명하려 들고, 현대의 우직함을 증명해 보여줌으로 미래의 '모던'을 끌어온다. 인간의 의식은 진화하는 것이 아니라 맴돈다. "나선형으로 맴돌며 나아간다"고 위로하지만, 시간이 지나면 결국 또다시 제자리에서 똑같은 단어로 자신의 시대를 얘기할 뿐이다.

파다

 아니 땐 굴뚝에 연기 나랴, 믿는 도끼에 발등 찍힌다, 개를 따라가면 결국 측간으로 간다, 같은 속담을 싫어한다. "한 우물을 파라"는 가장 싫어하는 속담이다. 속담은 인간의 행위 일체를 묘사하고 설명하지만, 일반과 보편을 주관하고 관장하고 재단하고 강요한다. 안타까운 건 속담을 아무리 싫어해도 나 또한 속담이 드러내는 정황들로부터 한 치도 벗어날 수 없다는 것이다.
 "한 우물을 파라"는 게 가장 싫은 속담인 이유는 간단하다. 그렇게 파고 파서 결국 다다르는 게 물일뿐이라는 사실이다. 피땀을 흘려 파 들어간 우물에서 길어 올린 차가운 물맛은 순식간에 사라질 텐데 평생 그 물만 마셔야 한다는 것, '한 우물'을 파면서 끊임없이 '다른 우물'을 곁눈질하고 상상하고 껄떡댄다는 것, 내가 판 우물에서 길어 올린 차가운 물맛이 사라진 뒤에는 더더욱 '다른 우물'의 물맛을 궁금해하고 그리워한다는 것 – 이 절망스런 패배감을 어찌할 것인가.

돕다

 철이 나기 시작할 무렵, "하늘은 스스로 돕는 자를 돕는다"는 말을 깊이 궁리한 적이 있었다. 그 궁리의 핵심은 왜 '돕는다'일까, 라는 거였다. 그냥 열심히 사는 것과 '스스로를 돕는 것' 사이에는 어떤 차이가 있을까? 궁리하고 또 궁리했다. 나는 남을 도와주듯이 나 자신을 도와주려고 무던히도 애썼다. 거울 속의 나를 보며 격려했다. 힘겨워하는 나에게 괜찮아, 넌 할 수 있어, 라고 말해주었다. 작은 일에도 참 큰일을 했다고 부추겨주기도 했다. 그렇게 하면 하늘이 나를 도와주게 될 거라는 굳은 믿음이 생겨나기 시작했다.

 그런데, 정말, 그 후로 '사는 데' 별 어려움이 없었다. 거의 모든 일에 자신감이 생기고, 별 거리낌 없이 내 생각을 얘기하게 되고, 당당해졌다. 하지만 그 어느 쯤부터 예전에는 듣지 못했던 소리를 듣기 시작했다. 건방진 놈. 그 말이 귀에 거슬리고 버성기는 정도가 점점 심해져 갔다. 더 이상 참아내기 힘들다는 느낌이 든 순간, 나는 무릎을 쳤다. 오래도록 내가 나 자신에게 한 것은 나를 '도우는' 것이 아니었다는 사실을 깨달은 것이다.

 그리고 나는 돌변했다. 거울 속의 나를 바라보는 눈길이 엄혹해지고, 제법 큰 성취에도 나는 내 어깨를 두드려주지 않았다. 그리고 힘겨워할수록 나는 나를 외면했다. 그것이 나를 진정으로 '돕는' 것이라는 믿음이 생겨났고, 그러면 하늘이 나를 도와주리라는 굳은 믿음도 생겨났다. 하지만 그러는 동안 하루하루가 힘들었다. 자신감이 현저히 떨어졌고, 시선은 거의 매번 땅바닥에 꽂혀 있었으며, 자주 이를 갈았다. 건방지다던 누군가의 음성이 "지독한 새끼"로 바뀌어 있었다.

철이 들고, "하나의 사실을 명확히 적시할 수 있는 하나의 표현이 존재한다"는 뜻의 '일물일어一物一語'란 단지 절대적인 문학적 표현에 대한 희구일 뿐이라는 사실을 감지하게 되고, 세상에는 숱한 반어反語가 존재하며, 그 반어들만큼이나 많은 '경우의 수'가 거의 모든 행위들을 규제한다는 사실을 알 게 될 때까지, 나는 '건방진 놈'과 '지독한 새끼' 사이를 몇 번이나 오가야 했다. 그리고 부축과 외면이 모두 돕는 것일 수도 있지만 나락으로 끌고 가는 것일 수도 있다는 사실에 밥맛도 잃고 사는 맛도 잃어간 뒤에야 나는 비로소 '돕는다'는 것이 얼마나 깊은 함정을 숨기고 있는지를 알게 되었다. 그때에야 비로소 '나를 돕는 일'로부터 자유로울 수 있었다. 하지만 나는 여전히 건방짐과 지독함이라는 평판으로부터 완전히 자유로울 순 없었다. 그렇긴 했으나 적어도 그 평판에 대한 나 자신의 날선 반응으로부터는 자유로울 수 있었다. 어쩌면, 그때, 나는 아주 잠깐, 하늘이 나를 돕고 있다는 사실을 깨달았을지도 모른다. 어쨌거나 나는 어떤 한 결론에는 도달해 있었다. 하늘은 결코, 어떤 경우에든, 먼저 돕지는 않는다는 것.

정의 justice에
대하여

아파트에 살면 대략 한 달에 한 번 정기적으로 집안소독을 받게 된다. 어쩌다 방역업체 직원이 찾아왔을 때 집에 없으면 건너뛰는 경우도 있지만, 추가소독까지 완전히 받지 않고 넘어가는 경우는 많지 않다. 아무튼 그렇게 정기적으로 소독을 받으며 수년이 지난 어느 날 문득 소독의 효과에 의문이 일어났다. 수년 동안 정기적으로 소독을 받았으면 더 이상 소독이 필요하지 않은 상태에 있어야 하는 게 아닌가, 하는 생각이 든 것이다. 그렇지 않다면 적어도 정기적으로 소독을 하는 기간이 한 달보다는 훨씬 더 길어져야 마땅하지 않을까, 싶었다. 그런 생각이 들자 관리소를 찾아가 의견을 전한 뒤 소독을 담당하는 회사, 소독약의 종류와 사용량, 소독 시스템 등에 대해 물었다. 관리소장은 내 질문에 답할만한 서류들을 보여주고 정성스럽게 설명했다. 그리고 나는 다행스럽게도, 아니 불행하게도, 왜 한 달에 한 번 꼬박꼬박 소독을 실시할 수밖에 없는지 그 원인을 발견했다.

내가 발견한 사실을 한 문장으로 요약하면, "아파트의 전 가구가 일제히 소독을 받는 경우는 없다"는 것이었다. 즉, 소독을 실시하는 날 모든 가구에 대해 소독이 이루어지지도 않거니와 추가소독 기간 중에도 소독을 받지 않는 가구가 적지 않았다. 태초 이래로 유구한 세월 동안 자신의 생명을 지켜내는 비법을 터득해온 '벌레'들은 소독이 이루어지는 집을 잠시 벗어나 소독을 하지 않은 집으로 찾아들어갔다가 소독의 기운이 스러질 무렵 다시 제 집으로 돌아오거나 아예 새 집에 둥지를 트는 식의 삶을 이어온 게 명백했다.

'대발견'에 이른 나는 아파트 관리소장에게 다음과 같은 내용의 공고문을 게시하고 방송할 것도 권유했다.

> 매달 소독을 실시하는 불편함을 해소하고, 매달 관리비에서 빠져나가는 소독비 3,528원을 절약할 수 있는 획기적이고 간편한 방법이 있어 공지합니다. 소독의 완전한 효과를 위하여 소독을 실시하는 매달 26일에는 한 가구도 빠짐없이 소독에 임하는 것입니다. 부디 한 가구도 빠지지 마시고 소독을 받아주시기 바랍니다.

공고문에 나와 있는 것과는 달리 내가 제안한 방법이 전혀 획기적이지도 간편하지도 않다는 사실은 그다음 달에 드러났다. 이후로 계속, 단 한 번의 예외도 없이, 매달 26일이 되면 내가 사는 아파트는 소독을 실시했고, 소독비 3,528원은 변함없이 관리비에 부과되었지만, 소독이 실시되는 날은 물론 추가소독이 있는 날에도 소독을 받지 않는 가구는 늘 있게 마련이었다.

오늘 아침, 단잠에 빠져 있던 내 귓속으로 초인종 소리가 들려왔다. 비틀비틀 일어나 도어폰을 드니 "소독입니다"라는 귀에 익은 남자의 목소리가 비어져 나왔다. 나는 졸린 목소리로 "추가 소독 때 할게요" 하고 말하고는 도어폰 수화기를 내렸다. 그리고 계단을 내려가는 발자국소리가 들려왔고, 아래층에서 초인종소리가 들려왔고, "소독입니다"라는 소리가 들려왔다. 그러다 불쑥 '정의'라는 단어가 떠올랐다가 사라졌다.

중국 당나라 때의 문제적 인물 허경종許敬宗이 그랬다. "봄비가 기름지지만 행인은 그 진창을 싫어하고春雨如膏惡其泥濘(춘우여고오기니녕), 가을달이 지극히 밝지만 도둑질하는 자는 그 밝게 비치는 것을 싫어한다秋月湯輝盜者憎其照鑑(추월탕휘도자증기조감)"고.

희망한다는 것

 우리는 자신이 무엇을 하고 있는지에 대해 알지 못한다. '알 수 없다'라고 해야 옳을지도 모른다. 우리가 알고 있는 것은 우리가 하고 있는 것의 표면에 불과하며, 우리의 명민하고 세심한 내면은 그 표면의 두께를 극복하지 못한다. 우리가 무엇을 하고 있는지에 대해 무지한 우리는 황급히 닫아버린 상자를 끌어안은 채 공포에 질린, 상자의 뚜껑을 열 자신이 없는 상태로 살아가다가 끝내 열지 못한 채 죽음을 맞이하는, 영락없는 판도라다.

 하지만 이 사실 앞에서 우리는 두 가지 태도를 취한다. 하나는 상자의 뚜껑을 열심히 두드려 상자 안에 들어 있는 '희망'이 반응하기를, 적어도 존재한다는 사실만이라도 알려오기를 가슴 졸이며 기다리는 것이다. 다른 하나는 상자 안에 '희망'이 존재하더라도 어차피 뚜껑은 열리지 않을 것이므로 상자 자체를 잊는 것이다.

 전자의 태도를 취한다면 우리의 감각은 시간이 갈수록 예민해지고 섬세해지겠지만 가슴이 견뎌내야 할 상처 또한 깊어질 것이다. 후자의 태도를 취한다면 우리는 굳고 단단한 가슴을 갖게 될 것이고, 감각의 상실에 두려움을 느낄 일은 일어나지 않을 것이다. 이것은 옳고 그름의 문제가 아니라 선택의 문제다.

 우리가 할 수 있는 것은 아주 중요한 것을 잊었다는 데 대한, 뭔가 소중한 것을 잃고 살아갔다는 데 대한 성찰뿐이다. 무엇을 잊고 무엇을 잃었는지에 대해 얘기하거나, 망각과 상실 자체에 대해 끝없이 얘기함으로써 성찰의 강도와 밀도를 높일 수는 있지만, 그것을 통해 우리가 망각하고 상실한 것을 찾거나 가지게 되지는 않는다. 절망은 희망의 반의어가 아니다. 절망은 성찰하지 않는 상태를 가리키지만, 희망은 어떤 '상태'가 아니라 '감각'할 수 있는 무엇이다. 감각하지 않으면 존재 자체가 무화되어버린다는 점에서 희망은 절망보다 더 절망적이다.

존

꽤 오래전, 그러니까 등단은 했는데 원고청탁이 없어 당황해 있다가 영어참고서를 만들어 겨우 먹고 살던 시절의 일이다. 참고서를 낸 출판사에 놀러간 어느 날, 직원들과 우르르 생맥주집으로 몰려갔다. 그중에는 모 대학에서 영어를 가르치던 미국인 필자도 한 사람 끼어 있었다. 해거름녘에 시작한 맥주파티가 저녁을 거른 채 꽤 늦은 밤까지 이어지던 중에 필립 호프만을 빼닮은 통통한 미국남자가 내 얼굴을 한동안 바라보더니 툭 던졌다.

"Why don't you make a brief visit to the John?"

못 알아들을 만한 단어는 없었지만 대체 무슨 말인지 이해할 수 없었다. "존한테 잠깐 들르지 그래?" 내가 해석해낸 뜻은 그런 거였다. '뜬금없이 존이라니?' 나는 고개를 그의 앞으로 쑥 내밀며 "존이 누구죠?"라고 되물었다. 그러자 미국인은 키득키득 웃으며 미안하다는 듯 두 손을 가슴께에 올리고는 "토일럿toilet" 하고 말했다. 그러니까 그는 꽤 오랜 시간 오줌을 참고 있던 내게 "화장실 좀 다녀오지 그래"라고 말한 것이었다.

'존'이라는 말에 '화장실'이라는 의미가 들어 있는 것은 최초로 수세식 화장실을 만든 사람의 이름이 John Crapper이기 때문이다. John과 비슷한 Johnny가 남자의 성기를 가리키기도 한다는 사실까지 John Crapper 때문인지는 알 수 없지만, 영국이나 미국에서 John이 가장 흔한 '남자'의 이름 가운데 하나라는 건

틀림이 없다. 성경에서 '요한'이 지닌 우월한 지위 덕분임은 자명한 일이다.

그로부터 몇 년쯤 지난 뒤 우리집에 놀러온 미국인 남자가 '볼일' 볼 일이 생겼을 때였다. 우연찮게도 그때 역시 맥주를 마시고 있었다. "Can I use your bathroom, please?"라는 '정중한' 그의 물음을 듣는 순간 몇 년 전의 생맥주집이 뇌리를 스쳐갔고, 나는 희죽 웃으며 그에게 던졌다. "Why not? You can use my John." 그 순간 그의 얼굴에 뭔가가 스쳐가는 것을 나는 보았다. 그건 그냥 '뭔가'가 아니었다. 기묘하고 오묘했다. 농담을 받아들이는 것 같으면서도 기분이 몹시 언짢을 때 드러나는 표정을 지어 보인 것이다. 나는 뒷머리를 묵직하게 누르는 '뭔가'를 느꼈다.

그해 겨울인가, 그가 귀국했다는 소식을 들은 나는 왠지 모를 부채감에 싸인 채 그에게 이메일을 보냈고, 조심스럽게 '그때의 일'을 거론했다. 곧바로 온 답장에서 나는, 그의 돌아가신 부친의 이름이 '존'이라는 사실을 알 수 있었다. 아……!

꿈

 요즘 젊은이들 사이에서 자각몽(自覺夢)(Lucid Dream)이 유행이란 얘기를 들었다. 너도나도 '자각몽 꾸는 법'을 SNS에 올리고, 공유하고, 퍼 나르는 데 그치지 않고, 모임도 가지는 모양이다. 갑자기 프로이트의 후예들이 생겨나는 이 현상을 어떻게 봐야 할까? 프랑스의 시인 폴 발레리가 반세기 전에 던진 말이 송곳처럼 찌른다.

 "당신의 꿈을 실현하는 최선의 방법은 깨어나는 것이다."

 희망과 목표를 설정하는 '꿈'과 자면서 꾸게 되는 비현실적 삶의 '꿈'이 동일한 어휘인 것은 기이하면서도 당연하다. 목표가 높고 거창한 것일수록, 미래에 대한 희망이 밝고 화창할수록, 목표를 설정하거나 희망을 품는 것만으로 도달할 수 없다는 건 자명하다. 꿈에서 깨어나 실현의 첫발을 떼지 않고 다다를 수 있는 꿈이란 잠의 늪에 빠져 꾸는 꿈에 지나지 않는다. 그런 점에서 꿈을 완벽히 통제하려는 '자각몽 중독'은 결국 현실과 연결된 다리를 스스로 끊어내는 일이다. 꿈에서 깨어나야 꿈을 이룰 수 있다 – 이것은 아이러니가 아니라 냉혹한 진실이다.

생명

20세기 후반에 일기 시작한 새로운 과학의 흐름을 신과학新科學(New Science)이라고 하는데, 이 흐름은 오랫동안 과학이 도외시했던 정신이나 영혼 같은 비과학적이라고 뭉뚱그려놓았던 것들까지 대상으로 삼는다. "돌이 죽어 있다는 것을 증명해내지 못한다면, 우리가 살아 있다는 것을 증명해낼 수 없다"는 언명은 신과학의 정체를 드러내는 중요한 말이다. 우리는 보통 돌이 죽어 있다고 생각하지만 그것은 다른 생명체처럼 숨을 쉬고, 느끼고, 다른 존재들과 긴밀한 관계를 맺고 있다는 것이다. 이런 진보적인 생각을 확장시켜나가면 플라스틱으로 만들어진 조화 또한 '생명'을 가진 존재다. 단지 우리와는 다른 시스템을 갖고 있을 뿐. "내가 키우던 조화들이 죽었다. 내가 물을 주는 척하지 않았기 때문이다My fake plants died because I did not pretend to water them"라는 미치 헤드버그의 말이 그저 농담처럼 들리지 않는다.

함정

　함정으로 발을 들여놓는 걸 보면서도 그곳이 함정이라고 말하지 못한다는 것, 함정에 빠져버린 그를 끌어올리기 위해 손을 내밀지 못한다는 것 – 이보다 더 절망스런 상황이 있을까? 아마도, "한 발짝만 더 내디디면 함정에 빠지니 발을 빼십시오. 제가 빠져봐서 압니다"라고 말했을 때, 혹은 "당신이 빠져 있는 곳은 함정이니 어서 제 손을 잡고 빠져나오십시오. 빠져 있는 시간이 길면 길수록 모멸감이 커집니다. 제가 빠져봐서 압니다"라고 했을 때, 그로부터 "그런 소리 말아요. 당신 눈엔 여기가 함정처럼 보일 테지만, 내겐 천국이요. 그러니 당신 일이나 열심히 하세요"라는 소리를 들을 때 절망은 허무로 변해버린다. 그러나 진짜 절망과 허무는, 함정을 판 사람은 멀쩡한데 거기에 빠진 사람이나 거기서 겨우겨우 헤쳐 나온 사람은 멀쩡하지 않다는 것이다.

몸

몸이 아파보면 느끼는 것이 있다. 참 어리석게도, 몸이 정신과 영혼을 담는 그릇이라는 사실은 아플 때만 꼭 느끼게 된다. 몸을 초월해 정신과 영혼만으로 살아내려는 열의에 찬 모험의 가능성은 적어도 '아프지 않은 몸'이어야만 담보된다는 사실을 왜 그리 자주 잊어먹는 것인지.

잠

 청화, 한암, 만공, 탄허 같은 큰스님들의 하루의 시작은 첫잠에서 눈을 떴을 때였다. 얼마를 잤든, 시간이 몇 시든, 눈을 뜬 순간 자리에서 일어나는 것은 그들의 습벽이었다. 이것이 얼마나 경이로운 일인가는 딱 한 번만 실행해 봐도 알 수 있는 일이다. 이것이 또한 얼마나 어려운 일인지도 마찬가지다. 나처럼 범상한 사람은 평생에 몇 번 경험하는 걸로 그저 감지덕지일 뿐이다.

 첫잠은 원래 "누에가 알에서 깨어나 첫 번째 자는 잠"을 가리킨다. '잠'이라는 순우리말과 누에를 뜻하는 한자어 '蠶(잠)' 사이에 무슨 관련이 있을지 궁금하다. 영어로 첫잠은 first molting이라고 하는데, molting은 새의 털갈이나 뱀의 허물벗기처럼 한 시기의 변화·탈바꿈을 의미한다. 누에가 자는 '잠'은 꼼짝하지 않고 늘어져 있는 사람의 잠sleeping과는 다르다는 얘기다. 최종의 형태인 나방이 되기까지 모두 다섯 잠을 자는 누에에게도, 첫잠에서 깨어나 더 이상 잠을 자지 않은 채 하루를 살아가는 엄격한 수행자에게도, 잠은 잠이 아니다. 그들에게 잠은 깨어남이다.

합리적인
합리

진화의 신비는 수십 억 년에 걸친 인간의 경험들이 세포 하나하나에 담겨져 이행된다. 이것은 (그가 누구든, 하나이든 여럿이든, 우연이든) 우리를 처음 만들 때 가장 핵심적인 장치나 체계가 이것이었다는 사실을 명확하게 증명한다. 이 사실은, 생명의 단절을 희구하는 광포하고 기괴한 열망을 결정적으로 억누를 수 있는 것이 이성이라고 생각해온 합리주의자를 결정적으로 제압하는, 받아들이지 않을 수 없도록 만드는, 대단히 이성적이고 합리적인 논리다. 이성을 설득하는 이성, 합리를 초월하는 합리 – 어쩌면 이것이 신의 본질일지도 모른다.

표정
―우화 2

　사는 동안 하는 일마다 일정 부분 이상의 성과를 낸, 그래서 죽어도 여한이 없다는 말을 실감하며 살다가 죽음을 맞이한 사람과 사는 내내 하는 일마다 눈곱만큼의 성과도 거두지 못했던, 그래서 뭐 하나 작은 거라도 성과를 내보고 죽어야겠다고 입버릇처럼 말하다가 죽음을 맞이한 사람이, 죽음의 문턱을 넘자마자 만났다.
　한 사람은 희희낙락한 얼굴이고, 다른 한 사람은 잔뜩 인상을 구긴 채 볼멘소리를 열심히 중얼거렸다. 두 사람은 서로를 보며 고개를 한번 갸웃하더니 이승에 살 때의 이야기를 두런두런하기 시작했다. 그리고 나서야 두 사람은 서로의 표정이 왜 그렇게 다른지 이해할 수 있었다.
　죽음의 문턱 너머, 천당과 지옥으로 나뉘는 갈림길에서 시꺼먼 수문장이 그들을 맞았다. 수문장은 명부를 뒤적이더니 두 사람에게 서로 다른 길을 가리켰다. 희희낙락한 얼굴을 한 사람에게 가리킨 곳의 이정표엔 지옥이라고 씌어 있고, 인상을 잔뜩 쓴 사람에게 가리킨 곳의 이정표엔 천국이라고 씌어 있었다. 그런데 이상하게도 두 사람의 표정에는 아무런 변화가 없었다. 수문장이 의아해서 물었다.
　"너는 지옥에 가는데도 희희낙락이냐?"
　그러자 희희낙락한 사람이 대답했다.

"이승에 살 때 지옥을 몽땅 경험해봤는데 무서울 게 뭐가 있겠소."

수문장은 그 옆에 죽상을 한 사내에게 물었다.

"너는 천국에 가게 됐는데도 왜 그렇게 오만상을 찌푸리고 있느냐?"

수문장의 물음에 시큰둥한 표정을 한 사내가 대답했다.

"이승에서 천국 맛을 다 봤는데 새로울 게 뭐가 있겠어요."

우주

남극의 4천 미터짜리 얼음장 아래에 세상에서 가장 큰 호수가 있다. 폭 64킬로미터, 깊이 400미터. 남극은 겨울엔 영하 80도 이하, 여름이라도 영하 20도쯤 되는데, 신기하게도 이 얼음장 아래 호수는 얼지 않는다. 지열 때문이라는 과학자들의 주장도 있지만 논란은 있다.

보스토크라는 이름을 가진 이 호수에서 신종 박테리아가 발견됐다는 기사를 본 게 수년 전인데, 서재 바닥에 잠시 누웠다가 깜빡 잠이 들었다 깼을 때 갑자기 그 기사 생각이 나서 인터넷을 뒤적였다. 이럴 때면 자동적으로 '우주 저편'이 떠오르며 중얼거리는 말이 있다. "우주 안에 내가 있다. 그 우주가 내 안에 있다."

거장들의
고집

역사에 이름을 남긴 거장들의 특징 중 하나는 누구도 못 말릴 고집이다. 그런데 이 고집을 가만히 들여다보면 '다른 것'들이 비집고 들어갈 틈 하나 없는 '불통'의 고집이 아니라 자신과 생각을 달리하는 것들을 일정 부분 허용하는, 이를테면 '허용을 전제한 고집'이다.

프랑스의 철학자이자 작가였던 J. P. 사르트르는 끝까지 소련 공산주의를 변호하며 당대 지식인들로부터 스스로를 왕따시켰다. 소련을 직접 다녀온 뒤 지독한 전체주의 국가란 사실을 확인했음에도 불구하고 그랬다. 그는 어쩌면 '마르크스에 대한 잘못된 시범'으로서의 소련을 기꺼이 인정할 수 있어야 한다는 생각을 가졌을지 모른다.

2차대전으로부터 서구사회를 지켜낸 최후의 보루였던 처칠은 세계대전이 끝난 뒤 민주주의와 공산주의의 대립에 대해 묻는 기자의 질문에 이렇게 대답한다. "민주주의가 최선은 아니다. 하지만 이보다 나은 게 없어서 할 뿐이다." 견인불발堅忍不拔의 표상과도 같은 그였지만 민주주의를 차선으로 밀어놓는 '여유'를 잊지 않았다.

양자역학의 아버지쯤 되는 독일의 물리학자 막스 플랑크는 유대인 교수를 해고시킨 히틀러를 직접 찾아가 항의했다. 포르투갈의 소설가 주제 사라마고는 공산주의 사상을 굽히지 않아 빈번히 투옥당했고, 예수를 인간스럽게 묘사한 덕분에 결국 국외추방을 당했다. 수소폭탄의 아버지라 불린 구소련의 핵물리학자 안드레이 사하로프는 레닌 훈장을 받은 과학자였지만 공개적으로 소련 공산주의를 비판했다. 영국의 수학자이며 철학자였던 버트런드 러셀은 양심적 병역거부로 투옥당했고, 80대 고령에도 반전반핵 연좌시위에 참가해 체포되었다.

   역사를 뒤지면 수많은 거장들의 고집과 만난다. 그들은 당대가 자신의 정치적 견해와 다를 때 주저하지 않고 저항함으로써 '여유'를 확보했다. 그 여유는 당대엔 자신들을 압박하고 고통을 가하는 기제였지만, 그를 바라보는 다른 '당대'의 인간들에게는 숨통을 틔어주는 구실을 한다. 이 넓이야말로 거장들의 진면이다.

마지막 문장

작가에게 원고의 마지막 문장을 쓰는 일이나, 번역가에게 마지막 문장을 번역하는 일이 즐거운 일이 될 때, 아직 그는 작가도 번역가도 아니다. 그때부터 두려움이 싹틀 때, 그때 비로소 작가나 번역가가 되기 시작한다. 그렇게 시작된 작가나 번역가의 일은 목숨이 끊어질 때까지 끝나지 않는다. 즉, 그는 늘 두려움과 함께 사는 것이다. 그것은 마치 태어났기 때문에 죄를 짓게 되는 것과 같다. 중요한 것은 그러한 자각이다.

진실

우리는 진실을 알고 싶어 한다. 만약 우리가 알고 싶은 게 진실뿐이라면 그다지 가치가 없다. "왜 진실을 알려 하는가?"에 대해 먼저 진지한 답을 하지 못한다면, 진실을 알고 싶어 하는 건 단지 궁금증을 풀기 위한 것일 뿐이다. 거짓으로 위장하는 자들은 위장의 이유를 충분히 숙지하고 있다. 그들에게 번번이 질 수밖에 없는 이유를 알지 못하는 한 우리가 가진 진실에의 충동은 오히려 독이다. "진실이 언제나 아름다운 건 아니다. 아름다운 건 진실에 대한 갈망이다"라고 했던 나딘 고디머의 말은 진실을 알고자 하는 이유가 왜 중요한지를 우리로 하여금 되묻게 한다.

꾼

 1976년 9월, 조지아 주지사였던 지미 카터는 워터게이트로 낙마한 닉슨으로부터 바통을 넘겨받고 대통령이 된 제럴드 포드와 한판 대결을 벌이고 있었다. 필라델피아에서 열린 TV 토론에서 민주당 후보인 카터는 공화당의 조세정책을 한마디로 정리해버린다. "The present tax structure is a disgrace. It's just a welfare program for the rich.(지금의 세금구조는 수치스럽다. 그건 부자들의 복지 프로그램과 다를 바 없다.)"

 영어에서 politician은 흔히 정치하는 사람을 가리키지만 이 말에는 정치가에 대한 비하의 의미가 내포되어 있어서 우리말로는 '정치꾼·모리배'에 가깝다. 제대로 된 정치인을 나타내는 단어는 statesman이다. 헝가리 태생의 미국 의사로 1937년에 노벨생리의학상을 수상한 얼베르트 센트죄르지가 한 말을 톺아보면 두 단어의 차이를 명료하게 알 수 있다.

 "Politicians think of the next election while statesmen think of the next generation. People elect the best politicians and then are astonished when they discover they have gotten poor statesmen.(정치인이 다음 세대를 생각하고 있는 동안 정치꾼은 다음 선거를 생각한다. 사람들은 최고의 정치꾼을 뽑고 그가 형편없는 정치인이었다는 사실을 알고는 기절할 듯 놀란다.)"

 지금의 우리는 몇 명의 정치인과 몇 명의 정치꾼을 가지고 있을까?

음악가 파스테르나크

 스케일이 크면서도 섬세하고 애절한 심리가 돋보이는 소설 『닥터 지바고』의 작가 보리스 파스테르나크가 클래식 작곡가였다는 사실을 아는 사람은 적지 않지만, 실제로 그의 음악을 들어본 사람이 얼마나 될지 궁금하다. 정보의 바다답게 인터넷에서 '파스테르나크 뮤직'이라고 검색하면 그가 작곡한 음악들을 어렵지 않게 찾을 수 있다. 문학가로서의 파스테르나크가 워낙 압도적이긴 하지만 그의 소설집이나 시집과 함께 음반을 발매한다면 독자들의 관심을 끌 수 있지 않을까 싶다.

 파스테르나크의 어머니는 피아니스트였고, 아버지는 화가였다. 그의 집에는 릴케나 톨스토이 같은 유명한 문인은 물론 라흐마니노프나 스크랴빈 같은 당대에 지명도가 높았던 음악가도 빈번하게 드나들었는데, 어린 파스테르나크의 눈에 그들이 어떻게 비쳤을지 궁금하다. 파스테르나크의 전기에는 그의 부친이 알렉산드르 스크랴빈의 초상을 그렸을 정도로 친했던 걸로 나온다.

 『닥터 지바고』의 어딘가에 나올 듯 무겁게 가라앉은 하늘에서 곧 진눈깨비라도 흩날릴 것 같은 날, 파스테르나크가 작곡한 피아노 소나타 B단조를 듣는데 불쑥 소년 파스테르나크가 떠오른다. 야무진 입매에 보일 듯 말 듯 어린 미소가 실재인 듯 선명하다.

채식주의

 소는 먹는 게 아니다. 그는 슬픈 눈을 가진 자다. 슬픈 눈을 가진 자를 먹다니. 돼지는 먹는 게 아니다. 그는 대박의 꿈을 주는 자다. 대박 꿈을 꾸게 하는 자를 먹다니. 닭은 먹는 게 아니다. 그는 스스로 날개를 접고 지상에 남은 자다. 날개를 접고 지상의 삶을 선택한 그를 먹다니. 개구리는 먹는 게 아니다. 그는 우는 자다. 우는 자를 먹다니. 뱀은 먹는 게 아니다. 그는 세상을 낮게 기어가는 자다. 낮게 기어가는 자를 먹다니. 지렁이는 먹는 게 아니다. 그는 스스로를 헐벗게 만들어 땅을 이롭게 하는 자다. 그런 자를 먹다니. 오리는, 자라는, 낙지는, 양은, 악어는…… 먹는 게 아니다. 그들은 인간들에게 먹히지 않아야 할 이유를 적어도 한 가지씩은 가지고 있다. 그러나 인간은 그들을 먹는다. 그들의 이유를 먹어치운다.

 『어느 운 나쁜 해의 일기』의 작가 존 맥스웰 쿠체가 한 "그렇다. 나는 채식주의자다. 나는 수많은 사람들이 매일 사체들을 잘게 씹어서 목구멍 너머로 밀어 넣는 혐오스런 장면을 연출하고 있다는 게 놀랍기 그지없다"는 말은 가슴을 아프게 울린다. 『적, 사랑이야기』의 위대한 작가 아이작 싱어는 냉소의 유머로 쏘아붙였다. "나는 내 건강을 위해서 채식주의자가 된 것이 아니다. 나는 닭의 건강을 위해 채식주의자가 되었다."

 아침에 일어나 견과류를 씹으며 새삼스럽게 맛있다는 생각이

들었다. 그리고 다람쥐 생각이 났고, 그 다람쥐를 누군가 잡아먹는 생각이 일어났다. 한참이나 멍하니 앉아 생각에 잠겼다. 그리고 결론에 이르렀다. 내가 채식주의자가 되지 못하는 건 독한 술을 즐기기 때문이라는 것. 독한 술을 즐기기 위해 안주를 밝히기 때문이라는 것. 독한 술에는 역시 고기 안주가 제일이라는 생각을 버리지 못하기 때문이라는 것. 장식장 안에 1/3쯤 남은 채 얌전히 놓인 위스키병을 한참이나 노려보았다.

문

　내가 어릴 적에는 어느 집이나 대문은 대체로 열려 있었다. 어지간한 부잣집이 아니면 빗장이 채워진 문은 거의 없었다. 방문하겠다는 의사표현 같은 건 무던히도 생략되던 때였다. 미리 언질을 주면 되레 화를 내는 게 인지상정이던 시절이었다. 지금은 누구에게도 열어주지 않을 거라는 완강한 결의처럼, 때로는 서너 개의 자물쇠로 문을 걸어 잠근다. 그러면서도 그 어느 시대보다 소통이란 단어는 난무한다.

작품과
물건

  일찍이 문학평론가 김현은 '문학의 물건화'에 대해 비수를 꽂은 적이 있다. 그것은, 몇 번씩 거듭해 읽어도 읽을 때마다 새로운 비평서 『한국문학의 위상』에 날카롭게 꽂혀 있다.

> 재미있게 쓰겠다, 그것이야말로 고통스럽게 세계를 바라보는, 행복을 꿈꾸는 자의 작업을 내팽개치고, 작품을 물건화하여 문학을 문학에서 소외시키겠다는 태도 이외에 다른 아무 것도 아니다. 나는 알고 있다. 대중을 계발하여 문학에 취미를 붙이게끔 재미있는 작품을 쓰겠다는 작가들의 대부분이 현대 소비 사회의 가짜 욕망에 중독되어 있다는 것을. 재미있게 쓰느냐, 재미없게 쓰느냐가 중요한 것이 아니라, 현대 사회에서 중요한 것은 가짜 욕망에서 벗어날 수 있느냐, 없느냐 하는 것이다. 매스 미디어의 대중화 현상에서 벗어나서 인간답게 살 수 있느냐 없느냐가 중요한 것이지, 대중 사회에 편입하여 그 대중의 인기를 끌 수 있느냐 없느냐가 중요한 것은 아닌 것이다.

  김현의 이 혹독한 진단은 1967년 노벨문학상을 수상한 과테말라의 시인이며 소설가인 미겔 아스투리아스가 신진작가들에게 던진 다음과 같은 언설과 손을 잡고 있다.

당신이 만약 단지 오락거리로 소설을 썼다면 당장 태워버리
　라! 오래전부터 지금까지 얼마나 많은 작가들이 오락거리로 소
　설을 써왔는지를 생각해보라. 지금 누가 그들을 기억하고 있는
　가?

　비평가와는 달리 작가들은 종종(보다 훨씬 더 자주) '팔리는 소설'
에 대한 논의 자체에 냉소적인 태도를 보인다. 그런 얘기를 굳이
할 필요가 있느냐는 태도는 때로 적의보다 무섭다. 그들이 숱한
밤들을 고통과 벗하는 이유들이 자칫 그 논의로 인해 적나라하
게 아무것 아닌 것처럼 되어버릴 수 있기 때문이다. 반성은 하지
만 반성의 티를 내려 하지 않는 것, 결연함이 한낱 제스처로 보
이는 걸 오히려 즐기는 것 – 작가가 지닌 이런 식의 위악은 거의
본성에 가깝다. 작가가 여전히 순수하다면, 위악의 본성조차 그
대로 드러나는 걸 즐기기 때문인지도 모른다.
　숱한 밤들을 고통과 벗하며 '팔리는 소설'을 쓰려 했지만 쓸
수 없었던 작가는, 겨우, 한 움큼의 웃음을 입술 끝에 매달며, 당
대 최고의 비평가의 언설과 지구 반대편의 어느 문학인의 언설
을, 곱씹는다.

생존
— 우화 3

태평양을 횡단하던 여객기가 추락했다. 소설가, 철학과 교수, 의사, 스튜어디스, 증권맨, 대기업 총수, 그의 여비서, 그리고 애완견 미용사 – 이렇게 여덟 명만이 간신히 살아남아 무인도에 닿았다. 수색팀에 의해 무인도가 발견된 것은 실종 후 한 달여 뒤, 생존자는 천신만고 끝에 무인도에 닿았던 여덟 명 가운데 가장 연약해 보이는 애완견 미용사 딱 하나였다.

그녀가 귀국하던 날 인천공항에는 기자들로 장사진을 이루었다. 기자회견이 끝날 무렵, 한 기자가 묘한 질문을 던졌다.

"참 죄송한 질문인데, 누가 맨 먼저 죽었는지 몹시 궁금하네요. 가능하다면, 죽은 순서를 좀 말씀해주실 수 있겠습니까?"

기자의 질문이 끝나자 회견장은 일제히 술렁거렸다. 비난조의 말이 튀어나오긴 했지만 다들 궁금한 눈빛이었다. 기자들을 둘러보던 애완견 미용사의 입가에 씁쓸한 미소 한 자락이 어렸다 지워졌다. 그리고 그녀의 입이 열렸다.

"맨 먼저 죽은 사람은, 하루 종일 화를 낸 사람이었는데, 사흘쯤 됐을 때였어요. 그다음은 성질 급한 사람이 죽었고요, 짜증이 심했던 사람이 그다음이었어요. 그리곤, 성질 더러운 사람, 성질 엿 같은 사람이 차례로 떠났습니다."

신성

〈아이다 호〉와 〈굿 윌 헌팅〉, 한 고등학교의 총기난사 사건을 다룬 〈엘리펀트〉로 세계적 명성을 가진 구스 반 산트가 만든 영화 〈카우걸 블루스〉의 원작자 톰 로빈스는 흥미로운 인물이다. 그는 불교와 동양사상이 녹아 있는 이색적인 소설을 쓰는 작가로 알려져 있다. 그런 탓인지 성스러움이나 믿음에 대한 그의 생각은 기독교에 바탕을 둔 서양인 일반의 그것과는 일정한 거리를 두고 있다.

"I believe in nothing, everything is sacred. I believe in everything, nothing is sacred.(내가 아무것도 믿지 않는 것은 모든 것이 신성하기 때문이다. 내가 모든 것을 믿는 것은 아무것도 신성하지 않기 때문이다.)"

신성함에 대한 톰 로빈스의 언설은 마치 "모두가 아름답다고 알고 있는 것은 아름답지 않은 것이고天下皆知美之爲美斯惡已(천하개지미지위미사악이), 모두가 선하다고 알고 있는 것은 선하지 않은 것 皆知善之爲善斯不善已((개지선지위선사불선이)"이라고 한 노자老子의 『도덕경』 한 구절을 읽는 듯한 반어와 역설의 깊이를 느끼게 한다.

정말 중요한 것

20세기가 시작되고 얼마 되지 않은 어느 날 미국의 철학자이자 심리학자 윌리엄 제임스(1842~1910)는 자신이 책임자로 있던 신지학회神智學會로 열서너 살쯤 된 신비로운 한 소년을 데려온다. 소년은 자신의 죽은 삼촌의 혼령을 보았고, 그를 불러내 대화를 나누는 능력을 갖고 있었다. 우주와 자연의 불가사의한 비밀, 특히 인생의 근원이나 목적에 관한 의문들을 신神에게 맡기지 않고 깊이 파고들어 가 학문적 지식이 아닌 직관에 의하여 신과 신비적 합일을 이루고 그 본질을 인식하려는 신지학의 관점에서 소년은 깊은 연구의 대상이었다. 그로부터 70여 년 뒤의 어느 날 그 소년은 L.A. 북쪽 오자이 계곡 자신의 집에서 세상에 남기는 마지막 말들을 새로 구입한 소니 녹음기에 담았다. 그는 많은 사람들이 '세상의 마지막 현자'라 불렀던 지두 크리슈나무르티(1895~1986)였다. "강가에 한 그루 나무가 있다"로 시작하는 그의 마지막 말들의 마지막 말은 이렇게 끝난다.

> 모든 아름다움과 빛깔을 지닌 죽은 나뭇잎을 바라보았을 때, 우리는 우리 자신의 죽음이 단지 종말이 아니라 시작이어야 한다는 것을 깊이 이해하고 깨달을 수도 있었으리라. 죽음은 어떤 두려운 것, 피해야 하거나 연기해야 하는 어떤 것이 아니라 오히려 날이면 날마다 함께 살아가야 하는 것이다. 그리고 그것으

로부터 놀라우리만큼 무한한 감정이 나타난다.

왜 소설을 쓰고 글을 쓰는지, 왜 문학을 하는지, 나 자신에게 물을 때가 있다. 그 비슷한 질문을 받을 때도 있다. 나는 그때마다 뭔가 답들을 한다. 그 답들은 조금씩 다르지만, 담긴 의미는 동일하다. 그런데 오늘 아침 문득 왜 글을 쓰느냐고 나는 내게 물었고, 여느 날과는 다른 답을 했다. 마치 농담을 하듯. 그리고 조금 놀랐다. 내 대답은, "정말 글이란 게 우리에게 중요한지를 알기 위해"라는 거였다.

최선

"정성이 지극하면精誠所至(정성소지) 쇠붙이도 열린다金石爲開(금석위개)"는 말이 있다. '지성이면 감천'이란 말과 같은 맥락이다. 정성을 다하다, 노력을 기울이다, 열렬히 기원하다 등을 아우르는 이 말은 때로 정성부족, 노력부족, 기원부족 등을 질타하는 용도로도 쓰인다. 이 교묘한 전략은 "최선을 다하라, 그다음은 하늘에 맡겨라"는 말에도 고스란히 적용된다. 최선을 다하는 모습의 아름다움을 확연히 드러내는 이 말은 곧잘 "넌 최선을 다하지 않았어, 그래서 성공하지 못한 거야, 적어도 최선을 다 해놓고 나서 바라야지"라는 식의 윽박지름으로 돌변하곤 하는 것이다.

정성을 다하는 것은, 최선을 다하는 것은, 대체 어느 정도를 이르는 것일까? 그것은 혹시 "성공이라는 결과를 만들어내는 만큼"이 아닐까? 며칠 최악의 상태에서도 이를 악물고 버티다가, 문득, 이 버팀에 찬물을 끼얹고 싶은 생각이 들어 되물어본다.

사랑

 자신에게 매우 소중한 무엇이 생겼을 때 그걸 주고 싶은 누군가가 떠오르면 그 누군가를 사랑하는 것이다. 그런데, 이때, 그에게는 두 가지 중 한 가지 상황이 발생한다. 하나는, "주면 그 사람이 좋아할까?"라고 자신에게 묻는 것이고, 다른 하나는, 그런 물음이 아예 떠오르지 않는 것이다. 이 둘은 사랑의 진정성을 판단하는 유용한 근거가 된다. 전자의 경우, 보통, 용기의 부족에 사랑의 부족으로 받아들여지기 쉽다. 머뭇거림이 지나치면 애틋함까지 의심받는다. 후자의 경우, 보통, 오만에 과잉으로 받아들여지기 쉽다. 넘치면 보기가 불편해진다. 그러니 적정한 선을 찾아야 한다. 그런데 어떻게? 쉽지 않다. 궁리 끝에 쓸 만한 해답 하나를 찾아냈다. 독일의 사회학자이며 철학자인 에리히 프롬의 답을 슬쩍 끌어왔다.

 "성숙하지 못한 연인은 이렇게 말한다. 나는 당신을 사랑합니다. 당신이 필요하기 때문입니다. 하지만 성숙한 연인은 이렇게 말한다. 나는 당신이 필요합니다. 당신을 사랑하기 때문입니다."

원願

　여러 해 전, 선배가 운영하는 카페에서 한 남자를 만났다. 이李씨 성을 가졌고, 서너 살 연상이었다. 세 번인가 네 번인가의 만남이 전부였다. 만날 때면 술 몇 잔을 가볍게 나누었다. 내 기억이 틀리지 않다면 한 번에 두어 시간쯤 얘기를 나누었다. 키가 그리 크지 않고 몸피가 얇아 전체적으로 날렵한 인상이었는데, 무예를 익힌 사람들에게서 곧잘 느껴지는 분위기였다.

　어느 해, 가을이 깊었을 때였다. 카페에 들어서자 그가 혼자 앉아 차를 마시고 있는 모습이 눈에 들어왔다. 우리는 반갑게 손을 그러잡았고, 뭔가 또, 주섬주섬 얘기를 시작했다. 얘기가 한 고비를 지나고 잠깐의 침묵이 흐른 뒤 그가 얼마큼의 망설임 끝에 내게 말했다.

　"하 형, 제가 추엽검에 대해 연구를 좀 해봤어요."

　그의 두 볼에 홍조가 드러났다가 사라지는 걸 보았다. 그가 언급한 추엽검은 정확히 추엽비월검법秋葉飛月劍法이라고 하는데, 당시 내가 집필하고 있던 광해군과 관련된 장편소설에서 주인공이 연마하는 것으로 되어 있던 검법이었다. 무예를 공부한 사람이라는 걸 알고 자문을 구하려고 해준 얘기였는데, 조금이 아니라 꽤 깊이 연구해본 듯했다.

　추엽비월검법은 원元나라 때 칭기즈칸의 휘하에 있다가 살생의 삶에 회의가 일어 홀연히 종적을 감춘 문전文篆이라는 전설의 검객이 익혔다고 알려진, "가을 나무에서 떨어지는 낙엽이 달을 향해 나른다"는, 이름만으로는 이미지가 얼른 떠오르지 않는 검법이다. 그다지 두껍지 않은 검서劍書에 참고할 만한 그림이 없이 문장만 수록되어 있어서 몇 번을 읽어도 난해한 경서나 철학서의 냄새를 지우기 힘들다. 어쨌든, 내가 그 기이한 검법이 수록된 검서에서 추려낸 것은 무원무불성無願無不成(원하지 않으면 이루어지지 않을 게 없다=원하지 않으면 모든 것을 이룰 수 있다) 다섯 글자였다. 그걸 내가 말했을 때, 조용히, 소중한 것을 만지듯 내 무릎을 쓸던 그를, 나는 아련히 기억한다.

    그로부터 며칠 뒤 (어쩌면 몇 달 뒤였는지도 모른다), 나는 그가 세상을 떠났다는 얘기를 들었다. 강릉에 살고 있었던 그는 지인이 모는 자동차를 타고 대관령을 넘어가고 있었는데 차가 전복되었던 것이다. 기이하게도 자동차는 거의 망가지지 않았고 운전자도 별로 다친 곳이 없었는데, 동승한 그만 외상도 없이 절명한 거였다. 경추 7번 골절 – 그것이 유일한 원인이었다. 그 일이 있고 난 뒤 나는 한동안 선배의 카페에 가지 못했다. 그가 붓으로 쓴 '무원무불성' 다섯 글자가 카페의 한쪽 창에 붙여져 있었고, 그걸 보는 게 마음이 아팠기 때문이었다. 하지만 카페에 가지 않았던 것은 그 이유만이 아니었다.

새벽에 일어나 찬물을 한 잔 들이켜는데 그가 떠올랐다. 새벽녘 꿈에 그를 보았다는 걸 알았다. 낙엽이 한 장 천천히 떨어졌고, 그 갈색 표면을 달빛이 비추고 있었다. 그가 얇고 푸른, 문전이 사용한 전검篆劍을 가볍게 쥔 채 검무를 추고 있었다. 그의 이름이 기억에 남아 있지 않다는 걸 알았다.

아침을 먹고 나서 선배에게 문자메시지를 보냈다. 그의 이름이 적힌 선배의 긴 문자메시지에서 "그 친구가 하늘나라로 떠난 지가 벌써 십 년"이라는 대목을 읽다가 눈두덩이 뜨거워졌다. 너무 많은 원願들이 쌓인 가슴이, 아팠다.

서점

 오래전, 4월의 어느 해 질 녘, 시드니의 뒷골목을 어슬렁거리던 나는 조그만 서점을 발견하고 불쑥 들어섰다. 서점치고는 좀 작다 싶었는데, 책 향기가 달랐다. (기억이 틀리지 않다면) 채 열 평이 안 되는 중고서점이었다. 그곳을 나설 때 내 손에는 돈 맥퍼슨과 루이지 브로디가 편집한 『헐리우드의 여배우들Leading Ladies』과 짐 갓볼트가 쓴 『재즈의 세계The World of Jazz』가 들려 있었다.

 며칠 전, 상하이 지하철 10호선을 타고 상해도서관역에서 내려 프랑스조계로 나가는 출구를 찾던 나는 푸른색 조명에 휩싸인 에드거 앨런 포와 버지니아 울프의 사진을 보고 걸음을 멈추었다. 지하철서점이었다. 나는 홀린 듯 서점으로 들어갔다. 서점 입구의 의자에 앉아 있던 공안公安 두 명이 희번덕이는 눈으로 나를 노려보았다. 그들의 손에는 책이 쥐어져 있었다. 묘한 기분이 들었다. 나는 두 사람에게로 다가가 스마트폰을 내밀며 영어와 중국말을 섞어 말했다.
 "캔 유, 파이자오拍照?"
 사진을 찍어줄 수 있겠냐는 뜻을, 그런 식으로 전한 것이다. 서른 살쯤 되어 보이는, 감청색 공안복을 입은 사내의 한쪽 입꼬리가 비틀려 올라갔다.
 사진을 찍고 난 뒤, 나는 마치 요긴한 책이라도 구할 듯이나 샅샅이 서점을 뒤졌다. 서점을 빠져나오던 내 손에는 황정견黃庭堅과 하주賀鑄의 사집詞集 두 권과 송사宋詞, 원가袁珂의 주석이 붙은 『산해경山海經』, '사람이나 사물, 혹은 예술작품의 오점이나 단점을 지적하다'는 뜻의 '심추审丑(審醜)'라는 묘한 제목이 붙은 중국어 번역서가 들려 있었다.

나는 이따금, 작가가 된 것을 후회하곤 한다. 서점을 다녀오면 유난히 그렇게 된다. 작가가 되지 않았다면, 적어도, 세상을 오래도록 유익하게 해줄 책을 남겨야 한다는 부담을 가지진 않아도 되었을 것이고, 결국 그런 책을 남기지 못할 거라는 절망에 휩싸이지도 않았을 것이기 때문이다. 여행사진을 정리하다가 깊은 한숨을 내쉰다.

생각하다

　언젠가 너무 많은 생각이 나서 "생각을 모두 해버리면 비워질 거야"라고 생각한 적이 있었다. 물론, 당연히, 생각대로 되지 않았다. 생각은 마치 벽돌처럼 쌓여갔다. 나중엔, 내가 쌓지 않는데도, 내가 해낸 생각들이 스스로 생각의 벽돌을 쌓고 있었다. 그러던 어느 순간, 나는 끔찍한 생각 하나를 하게 된다. 생각의 무게를 지탱하지 못했을 때 어떤 일이 벌어질 것인지를. 그때, 바벨탑처럼 쌓여가던 벽돌들이 하나씩, 하나씩, 사라지는 것을 보았다. 얼굴은 보이지 않았지만, 벽돌을 하나씩 걷어서 내가 보이지 않는 어떤 곳으로 옮겨놓는, 그러니까 내 눈에서 벽돌을 사라지게 하는 손길을, 그 부드럽고 날렵한, 뭔지 모를 향기까지 비어져 나오는, 움직임을 보았다. 나는 입을 가만히 벌린 채, 그저, 묵묵히, 지켜보고 있었다. "생각하라!"라는 명령문의 주어는 '당신'이 아니라, 어쩌면, '나'일는지도 모른다.

지켜보다

"시간은 내가 만들어진 본질이다. 시간은 나를 휩쓸고 가는 강이지만 또한 그 강이며, 시간은 나를 태우는 불이지만 나 또한 그 불이다. 우리는 모두, 동시에, 활을 쏘는 자이며, 화살이며, 과녁이다."

호숫가 벤치에 앉아 해가 지는 걸 지켜보며 아르헨티나의 시인이자 소설가였던 호르헤 루이스 보르헤스의 말을 떠올린다. 해가 지는 걸 지켜본 사람이면 누구나 알 테지만, 어둠은 결코 한꺼번에 밀려들지 않는다. 한꺼번은커녕, 너무도 조밀하게 나뉘어서 흐른다는 사실을 눈치조차 채지 못하도록 느리다. 어둠은 그것을 지켜보는 자의 '지켜본다'는 시간만큼 천천히, 아주 천천히, 세계를 지운다. 그리고, 비로소, 내 안에 등불이 켜진다.

소망을 이룬다는 것
— 우화 4

  1812년, 러시아 침공에 나섰던 나폴레옹은 패배의 쓴잔을 마시고 퇴각을 하다 홀로 떨어져 쫓기고 있었다. 러시아 병사들의 추격을 받으며 들판을 헤매던 그는 조그만 집을 발견하고 뛰어들었다. 그 집의 주인은 시몬이라는 이름의 유대인 재단사였는데, 나폴레옹이 입은 제복을 보고 화들짝 놀랐다. 나폴레옹은 자신을 숨겨주면 보상을 하겠노라고 말했고, 시몬은 그를 벽장에 숨겨주었다.
  뒤쫓던 러시아 병사들의 수색을 무사히 따돌린 나폴레옹은 벽장에서 나와 재단사에게 말했다.
  "그대에게 빚을 졌소. 소원을 말하면 내가 기꺼이 들어 드리리다."
  그러자 시몬은 괴상한 말을 던졌다.
  "병사들이 들이닥쳤을 때 어떤 기분이었습니까?"
  얼굴이 창백하게 변한 나폴레옹이 대답했다.
  "그건 당신이 알 바 아니오. 어서 소원이나 말하시오."
  그러자 시몬이 말했다.
  "제가 원하는 것은 황제께서 죽음에 직면했을 때 어떤 기분이었는지 그걸 아는 것입니다."
  바로 그때, 나폴레옹의 병사들이 그를 찾아 재단사의 집으로 들어왔다.
  "폐하! 어디 다치신 데는 없으십니까?"

나폴레옹은 불같이 화를 내며 재단사를 가리켰다.

"이 자를 당장 체포하라. 그리고 날이 밝으면 총살시키도록 하라. 그가 나를 다치게 하였다."

시몬은 겁에 질려 와들와들 떨며 나폴레옹에게 용서를 빌었다. 하지만 그는 감옥에 갇혔고, 죽음의 공포에 떨며 밤을 보내야만 했다.

이튿날 아침, 병사들이 시몬을 처형장으로 끌고 왔다. 시몬의 입술은 바짝 말라 있었고, 악몽에 시달린 듯 눈알은 붉게 충혈되어 있었다. 사령관의 명령에 따라 병사들이 시몬을 향해 총을 겨냥했다.

"거총! 일발 장전! 발사!"

하지만 총은 발사되지 않았다. 거의 실신한 상태의 시몬 앞으로 사령관이 걸어왔다.

"황제의 편지를 받으시오."

바들바들 떨리는 손으로 시몬이 뜯은 편지에는 다음과 같이 적혀 있었다.

"이제 내가 어떤 느낌이었는지 이해하겠소? 당신의 소원이 이루어졌을 거라 짐작하오."

이해, 고통을 이겨내는
유일한 방법

 스물다섯 살의 봄, 말년병장으로 제대를 석 달쯤 앞둔 어느 날 오후, 내가 근무하고 있던 대대 상황실 문이 열리고 평소 친분이 두터웠던 보안대 선임하사가 들어왔다. 나는 말년병장 특유의 군기 쏙 빠진 구호와 경례를 날렸고, 여느 날과 달리 그는 내게로 성큼성큼 다가오더니 다짜고짜 군홧발로 정강이를 걷어찼다. 뚝, 소리가 났을 땐, 정말, 뼈가 부러진 것 같은 느낌이 들었다. 귀신이 목덜미에 손을 넣은 듯 추위가 밀려들면서, 온몸에 힘을 주었지만 몸은 와들거리며 마구 떨렸다. 그리고 그의 두꺼운 손바닥이 내 뺨을 후려쳤고, 주먹이 가슴팍을 내질렀다. 나는 보기 좋게 나가떨어졌다. 상황실 시멘트 바닥에 나가떨어진 내 몸 위로 손바닥 크기의 종이들이 흩뿌려졌다. 삐라였다. 순간, 내 입이 절로 벌어졌다. 어떻게 된 일인지, 짐작이 갔다.

 그날부터 사흘 동안, 나는 평생 느낄 모멸과 능멸을, 수치와 혐오를, 증오를, 모두 느꼈다. 제대를 하면 꼭 소설가가 되어야겠다고 결심했던 내게 삐라는 소설을 쓰는 데 아주 요긴한 자료였다. 하지만 그 요긴한 자료를 관물대 한 켠에 넣어두는 '실수'에 대한 대가는 혹독했다. 사흘 밤낮을 보냈던 취조실은 생각보다 춥지 않았지만, 와들거리며 떨리는 몸은 여간해서 풀리지 않았다. 두려움 때문만이 아니란 걸 알고 난 뒤에도 온몸을 파고드는 한기는 여전했다. 평소 술을 함께 마실 때면 "형이라고 불러"

라고 하던 그는 더 이상 사람 좋은 부사관이 아니었다.

   사흘 뒤, 어두컴컴한 취조실에서 나른한 봄볕 속으로 걸어 나와 스리쿼터에 오르던 내게로 그가 다가왔다. 그리곤 석고상처럼 창백한 얼굴로 그가 속삭인 "조용히 지내다 제대해"라던 그의 말은, 지금도, 가끔은 나를 기이한 감회에 빠뜨리곤 한다.

   부대로 돌아온 뒤, 겉으론 아무것도 변한 게 없었다. 하지만 사흘 이전과 같은 건 아무것도 없었다. 나는 입을 굳게 다물었고, 말년휴가를 반납했다. 입을 다문 것은 할 말이 없었기 때문이었고, 말년휴가를 반납한 것은 휴가를 나가면 다시는 돌아오지 않을 것 같았기 때문이었다. 그 두 가지는 당시 내가 할 수 있는 유일한 저항이었다. 나는 아침점호에 나가지 않았고, 저녁점호 땐 총기보관대 옆에 찌그러져 있었다. 아무도 나를 건드리지 않았다. 내가 한 일이라곤, 중대 창고에 보관되어 있던 꽃씨봉투를 꺼내 막사 뒤편 공터에 심는 일뿐이었다. 그때의 그 적막한 행위는, 훗날, 이렇게 묘사된다.

> 아직은 외풍이 있어 비닐막을 떼어내지 못한 막사 창문으로 바람이 부딪는 소리가 가끔씩 덜커덕거리며 들려온다. 오늘은 어디다 심을까. 나는 창밖으로 막사 뒤편 대공초소로 오르는 언덕을 바라본다. 햇볕이 잘 들어 다른 곳보다는 언 기척도 없고,

이해, 고통을 이겨내는 유일한 방법

해빙 때문에 질척거리는 맛도 덜하다. 그래, 오늘은 저기에다 채
송화를 심어야지. 나는 아침을 걸러서 더욱 쓰린 배를 손바닥으
로 슬슬 쓸며 일어섰다.(장편,『돌아서지 않는 사람들』중에서)

 아무것도 변하지 않았지만 내게는 모든 것이 바뀌어버린 어
느 날로부터 석 달이 지나, 나는 제대를 했다. 그때까지 철저하
게 입을 닫았던 나는 실어증에 걸렸고, 중대장 신고도, 대대장
신고도 생략되었다. 사단보충대에서 하룻밤을 보내고 트럭에 실
려 H읍내로 나온 나는 빨간 우체통에 편지 한 통을 집어넣는다.
그 편지봉투에 적힌 글은, 훗날, 이런 글이 되어 세상에 나온다.

 개가 바위를 지나가듯이, 저는 그렇게 흔적 없이 고통의 한가
운데를 지나가고 싶었습니다. 그래서 저는 침묵을 선택했지만,
그러나 저의 침묵은 더 또렷한 흔적이 되고 말았습니다. 자괴는
그 부질없는 침묵과 침묵지우기 사이를 쉼 없이 헤매다녔고, 비
로소 저는 아무런 침묵도 저의 것이 되지 않는다는 사실을 알
았습니다. 그것은 고통 없는 세월이란 결코 존재하지 않는다는
사실과 다를까요. 침묵이 움직여내는 힘은 비겁하거나 저열한
웅변에 다름 아니며, 어쩔 수 없음이라는 피난처를 그들의 왕궁
으로 탈바꿈시키는 엄청난 사기극에 다름 아니라는 사실과 그

것은 다른 것일까요. 그러나 가끔, 아주 가끔은, 침묵이 저질러
내는 치명적인 용기를 저는 보았습니다. 어쩌면 그것이 비록 환
상이었다 해도, 이 부질없는 편지의 의미만큼 그것이 아무것도
이뤄내지 못한다 하더라도, 저는 언젠가 환상까지 정확하게 알
고 싶습니다. 단 한 번밖에 살 수 없다는 것은, 죽음으로 건너가
버리면 다시는 돌아오지 않는다는 것은, 과연 선악만을 우리에
게 가르쳐주는 것일까요. 죽여 버릴 거야, 라는 말은 결국 우리
둘을 모두 속였습니다. 이제 저는, 개가 왜 달을 보고 짖어야 하
는지를 알겠습니다.(단편, 「암묵과 변설」 중에서)

안타깝게도, 한때의 적막한 무용담은, 여기서 끝나지 않는다.
제대를 하고 어머니의 집으로 돌아온 나는 한 톨의 밥알도 떠넘
기지 못했고, 목소리가 조금씩 목구멍 밖으로 기어 나왔지만 그
건 소리가 아니라 단조로운 음향에 불과했다.

오랫동안 잠들지 못했다. 세수를 할 때마다 나는 눈물을 흘
렸다. 얼마나 더 먼 날까지 고요하고 흔적 없이 이 영혼을 부러
뜨릴 수 있을 것인지에 대해서만 생각했다. 그리고 부끄러웠
다. 되돌아볼 때마다 물방울처럼 살갗을 적시던 그 치욕스러움
– 그것은 부정한 인내와 참기 힘든 열망과 비열한 기쁨의 다른

말이었다. 그것들은 서슴없이 내 몸을 번쩍 들어 벽에다 내동 댕이쳤고, 혀를 뽑았고, 머리를 잘랐다. 나는 시들어갔다. 눈을 버리고 귀청을 잃어 갔다. 아무 때나, 아무 곳에서나 잠이 들었고, 죽음처럼 일어나 소리 없이 울었다. 그 참혹한 모멸의 침상에 누워 깊숙이 찔러진 칼처럼 잠이 들면 어김없이 몽마夢魔가 찾아와 내 목을 눌렀다. 소스라치며 눈을 뜨면 봄은 아주 조금씩만 머리칼을 나부꼈다. 이제 봄이 올 거야…… 누군가 그렇게 말해주기를 기다렸지만, 내게는 그때, 아무도 없었다.(장편, 『돌아서지 않는 사람들』 중에서)

속절없이 말라가던 내 몸을 목욕탕 체중계에 올려놓았을 때, 체중계의 바늘은 채 50㎏에 닿지 못했다. 그날, 목욕탕 구석자리의 샤워기 물줄기 아래서, 나는, 앙상한 나체로 울고 또 울었다. 다시는 울지 않겠다고 결심한 사람처럼. 그리고 거짓말처럼, 나는, 이해에 도달했다.

"세상은 너를 괴롭히기 위해 존재하는 것이 아니다. 그러기에는, 세상은 비정하고 냉혹하다. 자신을 괴롭히는 데도 세상은 시간이 없다."

2부

오래도록 기다린 이유

"쾌감이나 기쁨은 지나칠 수 있으며 악일 수도 있다. 쾌감이나 기쁨이 악인 한에서 고통은 선일 수 있다."
― 스피노자, 『에티카』, 제4부 「인간의 예속 또는 정서의 힘에 대하여」, 정리43

비애

  세상에는 두 개의 슬픔이 있다. 하나는 나를 버리지 못해 생겨나는 슬픔이고, 다른 하나는 나를 버림으로써 생겨나는 슬픔이다. 그러나 세상은 이 둘을 모두 슬픔이라 하지 않는다. 앞의 것은 성찰이라 추켜세우고, 뒤의 것은 희생이라 떠받든다. 하지만 둘 모두 슬픔이고, 세상을 살아가며 견뎌야 하고 이루어야 하는 운명과도 같은 일이다. 이 둘을 외면하며 얻게 되는 행복과 즐거움이란, 쏟아지는 빗줄기를 피해 남의 집 처마 밑으로 들어가며 비에 젖지 않음을 기뻐하고 즐기는 것과 같다. 실은 그 비가 영원히 그치지 않는다는 걸 모른 채.

물리적이지 않다는 것

　모든 물리적 조건들로부터 자유로워진 사람의 존재의 위상은 어떤 격렬한 지진에도 흔들리지 않는다. 그의 두 발이 지상으로부터 떼어져 있기 때문이다. 그는 말하자면 공중부양자와 같으며, 공중부양이란 모든 물리적 조건들을 배반하지 않으면 이루어질 수 없는 사태다. 이제 그를 흔들 수 있는 것은 비물리적 조건들뿐이다. 그리고, 어쩌면, 그는 모든 물리적 조건들을 초월하기 전보다 훨씬 더 격렬하게 흔들릴 수도 있다. 이 상태를 '존재의 흔들림'이라 부르면 어떨까? 한 걸음 더 나아가, '진정한 흔들림'이라 하는 게 옳지 않을까? 하지만 달리 생각하면 비물리적 존재까지 소유하려는 거대한 욕망으로부터 벗어나지 못한다면, 결국, 사멸하는 영혼을 속절없이 지켜보며 영원히 지상으로 돌아오지 못하는 신세가 될 뿐이지 않을까? 여기에 답이 있을까? 손을 댈 수 없을 만큼 뜨겁게 타오르는 저 거대한 비물리적 화염을 끌 수 있는 것은 무엇인가? 이 화염은 꺼질 수 있고, 꼭 꺼야만 하는 것인가?

제어하다

 욕망의 제어와 제어의 욕망은 상충하지 않는 듯 보인다. 그러나 이 둘의 상충하지 않음을 확신한다면 함정에 걸려들게 된다. 이 확신에는 제어의 욕망을 욕망으로 보지 않으려는 욕망이 작용하기 때문이다. 욕망의 소진이 아니면 완전한 제어에 이르지 않는다는 것을 받아들이지 않는다면, 욕망의 제어도, 제어의 욕망도, 한낱 도덕적 관념에 불과하다. 관념만이라면 욕망의 제어는 신기루이며, 제어의 욕망은 드라마틱한 쇼다.

암흑의
연대

 정치학은 공포정치의 기법을 가르치지 않고, 경영학은 노동자에 대한 억압과 착취의 기법을 가르치지 않는다. 법학은 공정한 법의 집행과 정의에 기초한 법의 제정을 가르치고, 종교학은 신의 의지가 오직 절대선과 자비에 근거함을 가르친다. 하지만 오늘 모든 사회의 거의 대부분을 구성하는 정치와 경영과 법과 종교는 그들의 이론이 가르치지 않는 것을 철저히 실행하고 그들의 이론이 가르치는 것을 기를 쓰고 외면한다. 이것은 둘 중의 하나다. 이론을 제대로 배우지 못한 자들의 소치이든가, 제대로 이론을 터득한 자의 영리한 응용이든가.

 "이론과 실천은 다르다, 달라야 한다"는 모토가 진리가 되어버린 현대는 중세의 유럽으로 대표되는 암흑의 시대보다 더 어둡고 척박하다. 내가 사는 시대에 대한 병적인 인식이라고 백번을 양보해도 내 눈엔 저 황홀한 인간정신의 빛이 보이지 않는다. 잠깐 보였다 사라진 것은 그저 한밤을 요란하게 수놓는 온갖 기만의 폭죽들뿐이다. 찰나가 아무리 황홀하더라도 한번 긋고 가는 소낙비조차 되지 못한다.

 매일 아침 침상에서 일어나 영원을 기약하는 여행자인 양 묵직하게 발을 내려 딛는 일이 가엾다. 언제까지 스스로를 속일 수 있을지 궁금하지만, 측은하다.

존재에로 가는 길

 영어권 작가로 가장 먼저 노벨문학상을 수상한 러디어드 키플링의 인도를 무대로 한 장편소설 『킴』을 번역하던 석 달 남짓 동안 줄곧 뇌리를 떠나지 않았던 건 E. M. 포스터의 장편 『인도로 가는 길』이었다. '제국주의 옹호자'라는 오명을 쓰고 있던 키플링의 작품을 번역하는 일은 그 오명을 고스란히 뒤집어쓰는 것 같은 느낌을 가지게 만들었는데, 같은 인도를 다루고 있으면서도 서양의 오만한 지성에 대한 비판에 무게 중심을 둔 포스터의 소설이 자꾸만 떠올라 자판을 두드리는 손끝이 저릿저릿했던 기억이 새롭다. 키플링의 오명을 논하는 건 그야말로 2박 3일이 걸리는 일인데, 수많은 논박이 가능하거니와 역사나 정치, 종교까지 논의의 영역이 확대될 게 뻔하고, 그렇다고 시원스런 결론을 볼 수 있을 것 같지도 않다.

 E. M. 포스터의 『인도로 가는 길』은, 기실 『킴』의 경우도 마찬가지지만, 소설의 진리내용에 접근하는 코드로 무엇을 삼느냐에 따라 매우 다른 길로 접어들게 되고 전혀 다른 곳에 닿는 신묘한 작품이다. 어쩌면 '전혀 다른 곳'이 바로 작가가 다다르기를 바랐던 곳일는지도 모른다. 존재의 비의 – 해명하려들면 결코 해명할 수 없지만, 해명의 의무나 권리로부터 자유로워지는 순간 존재의 창에 드리워진 커튼이 열렸다 닫히는, 그 짧은 명멸만으로도 황홀의 극한을 경험하게 하는 무엇. 어떤 평론가가 소설의 진짜

주인공이라고 했던 신비로운 동굴 '마라바르'가 이 설명할 길 없는 모호함을 상징하지만, 포스터가 진짜 말하고 싶었던 건 인간이 사는 어느 곳에든 이런 동굴은 존재하며 거대한 지구, 나아가 우주 전체가 하나의 동굴은 아닌가, 라는 것이었을지도 모른다.

문학은, 소설은, 모름지기 존재의 비의에 닿으려는 작가들의 분투의 결과물이다. 사회나 역사나 이념이 닿지 않는, 그 어떤 것도 생성되지 않았던, 상상불허의 '태초'에 대한 깊고 아득한 명상의 결과물이다. 진짜 문학, 진짜 소설은.

글쓰기의
어려움

 글쓰기 수업을 하다보면 적잖은 수강생들로부터 필사에 관한 질문을 받게 된다. 필사는 자신이 감동받은 소설, 문학적으로 완성도를 높이 평가받는 소설, 독자들로부터 많은 사랑을 받은 작품 등을 말 그대로 '베껴 쓰는' 것이다.
 필사에 대한 질문을 받게 되면 나는 거의 두 가지 얘기를 한다. 하나는, 예전에 많이 쓰이던 사숙私淑이란 말에 담긴 의미를 항상 마음에 새기며 필사를 하라는 것이다. 사숙을 사전에서 찾으면 "직접 가르침을 받지는 않았으나 마음속으로 그 사람을 본받아서 도나 학문을 닦음"이라고 정의되어 있다. 뜻풀이를 읽으면 아름다움이 절로 느껴진다. 이 아름다운 마음을 가지고 필사를 하라는 것이다. 다른 하나는, 필사가 가지고 있는 치명적인 단점에 관한 것으로, 과도한 필사는 자칫 개성을 상실하게 만들 수도 있다는 사실이다. 이 두 얘기를 해주고 나면, 꼭, "그래서 필사를 해야 합니까, 하지 말아야 합니까?"라고 묻는 수강생이 있다. 나는, 뜸을 좀 들이긴 하지만, 거의 대부분, "가능하면 안 하는 게 좋습니다"라고 말한다.
 필사를 해본 적이 없는 나로서는 단정할 수는 없지만, 필사는 본질적으로 책읽기와 다르지 않다. 책을 읽다보면 은연중 끌리는 작가나 작품이 있게 마련이고, 그 작가 혹은 그 작품으로부터 영향을 받는 건 자연스러운 일이다. 그래서 영향이나 끌림에서 비롯되는 '유사성' 자체는 독자나 평자로부터 그다지 큰 비난을 받지 않는다. 문제는 곰브리치의 "예술은 재현"이라는 말이나 고갱의 "예술은 표절 아니면 혁명"이란 언설의 경계를 넘는, 가령 명배우이자 명감독인 클린트 이스트우드가 한 "할리우드에서 가장 큰 문제는 표절"이라는 돌직구의 대상이 되었을 때다. '할리우드'가 상징하는 '자본·권력'이 개입되는 순간 '도덕적 공방'은 순식간에 '정치적 문제'로 변질되고, 상상하는 것보다 훨씬 빠르고 강력하게 논의 자체를 증발시켜버린다. 필사의 가장 큰 폐해가 표절 가능성이라는 점은 아무리 경계하고 경고해도 지나치지 않다.

철인哲人의 연인

 신을 가장 열정적으로 사랑했던, 그래서 가장 격렬히 저항했던 고독한 철인 니체는 철학자 파울 레로부터 소개받은 열여섯 살 연하의 루 살로메에게 두 번 청혼을 하지만 모두 거절당한다. 릴케에서 프로이트까지 당대의 지성들로부터 사랑을 받아왔던 그녀가 광기의 철인에게 '어떤 식으로든' 매인다는 건 애당초 불가능한 일이었지만, 고독을 천형인 듯 살아야 했던 니체에게도 어쩌면 당연한 일이었을지 모른다. 하지만, 힘겹게 투병 중이었던 그 무렵의 니체가 질스마리아의 벼랑 앞에서 영원회귀의 각성에 이른 데는 '어떤 식으로든' 그녀가 작용하지 않았을까, 하는 게 내 개인적인 생각이다. 훗날 그녀가 쓰게 되는 『니체 연구서』의 한 귀퉁이에 이런 글이 적혀 있었다.
 "그에게 사랑은 연민의 옷감에 휘감긴 투명한 신의 육체와 그 육체의 절멸에 의해 드러나는 신의 정신에 버금가는 것이었다. 그런 사랑을 내가 감당하기엔 내 육체는 불투명했고, 불투명한 만큼 절멸은 추할 것임을 나는 알고 있었다. 니체, 나의 사랑 ― 그대는 나를 보았으나 나는 당신을 다 볼 수 없었으니, 어떤 것이 행운이고 불행인지는, 오직 그대의 신만이 아실 뿐."

지다

    저녁 무렵 집 근처 호숫가 산책에 나섰다가 서쪽 하늘로 초승달이 지는 걸 보았다. 달이 지는 걸 본 것은 여러 번이지만, 초승달이 지는 걸 본 건 태어나 처음이었다. 초승달의 휘어진 위쪽 끝이 산 너머로 지는 데는 오랜 시간이 걸리지 않았는데, 과장을 좀 보태면 마치 세상의 마지막 장면을 본 듯이나 처연해졌다. 생을 마감할 때까지 한 번도 보지 못하는 것이 얼마나 많을까 – 이 당연한 생각을, 어두워지는 서쪽 하늘을 보는 얼마 되지 않은 시간 동안, 꽤 깊이 했었다.

조의 사랑

 야구를 좋아하는 사람이라면 조 디마지오를 좀 특별하게 기억할 것이다. '미스터 베이스볼'이라는 별명이 붙을 만큼 뛰어난 야구실력을 갖췄을 뿐 아니라 여배우 마릴린 먼로와의 짧지만 강렬한 (사실은 매우 길고 진한) 사랑을 한 남자이기 때문이다.

 조 디마지오는 통산 타율 0.325, 홈런 389, 장타율 0.579를 기록한 강타자이면서도 메이저리그에서 뛴 13년 동안 한 해 평균 134번 경기에 나서 고작 28개의 삼진을 당할 정도로 뛰어난 선구안까지 가진 불세출의 타자였다. 그는 처음으로 타율이 3할대 아래로 떨어진 1951년 거액의 연봉을 뿌리치고 단호히 은퇴할 만큼의 높은 프로의식을 지닌 사람이기도 했다. 그로부터 몇 년 뒤, 12살 연하의 띠동갑 마릴린 먼로와 결혼하고 1년도 채 되지 않아 헤어지기까지의 사연은 황색잡지가 반색할 만한 스토리를 담고 있다. 마침 마릴린 먼로의 촬영장을 방문한 조는 저 유명한, 지하철 송풍구 위에서 마릴린의 하얀 치마가 올라가는 장면을 보게 되고, 그 장면으로 인해 조와 연출가 사이에 고성이 오가는 싸움이 벌어지고, 그러다 결국 한창 '뜨기 시작한' 세기의 여배우는 그의 곁을 떠나고 만다. 그들의 파탄은 마치 잘 짜인 극본과 같았다.

 이후 조와 마릴린의 행보는 유별나게 갈라진다. 은퇴 후 야구와도 연을 끊은 조는 마릴린과 헤어진 뒤엔 어떤 여자와의 만남도 가지지 않았고, 여배우로서 승승장구한 마릴린은 극작가 아서 밀러와 결혼하고 케네디 가문의 남자들과 염문을 뿌리고 약물과다복용으로 병원을 드나들기도 한다. 마릴린의 화려하고 요란한 삶을 묵묵히 지켜보고 있던 조는 결정적인 순간에 그녀 앞에 다시 나타난다. 심리치료소에 입원했다가 퇴원하는 마릴린을 맞은 것은 조였다. 마릴린과 헤어진 뒤에도 마릴린을 잊지 못했다는 풍문은 사실이었다.

조가 마릴린에게 다시 청혼을 한 것은 당연한 일이었다. 마릴린은 그의 청혼에 뛸 듯이 기뻤다. 하지만 마릴린은 조와 만나기로 한 장소에 나타나지 못했다. 그녀는 이미 이 세상 사람이 아니었다.

수면제 과다복용에 백악관의 독살설, 자살설까지, 마릴린 먼로의 죽음을 둘러싼 추측은 지금도 난무한다. 그녀가 세상을 떠난 건 1962년 8월이었다. 그녀가 죽기 한 해 전 여름, 두 사람이 해변에서 즐거운 시간을 보내는 사진이 실린 신문기사는 그들의 재결합이 기정사실이었음을 '거의' 증명한다. 그녀가 만약 수면제를 먹어야 잠이 들 만큼 괴로웠다면 케네디와 백악관의 음모와 관련이 있다는 추측은 '충분히' 가능하며, 자살의 가능성은 '현저히' 떨어진다.

마릴린 먼로의 장례식은 조 디마지오에겐 자신의 장례를 치르는 것과 같았다. 그는 슬픔을 가눌 수 없었고, 그의 모습은 각종 신문의 일면을 장식했다. 이후 조는 매주 두 번씩 꽃을 들고 마릴린의 무덤을 찾았다. 그 놀랍도록 아름다운 집착은, 그가 세상을 떠나던 1999년까지 무려 37년이나 계속된다. 그리고 그는 숨을 거두기 직전, 아름다운 집착의 정수를 한마디 말로 정리한다.

"이제 그녀를 만날 수 있겠군."

다시,
사랑

 죽은 사람은 남겨진 사람의 아픔을 알까, 라고 묻는 건 어리석다. 삶과 죽음의 경계를 넘는 순간 이미 다른 세계에 속하므로 어떤 짐작과 추측도, 예상과 바람도, 결국 미련에 불과하기 때문이다. 그럼에도 불구하고 아주 많은 사람들이 살아서는 넘을 수 없는 저 불가능의 경계 너머를 부여잡는다. 그것은, 어쨌든, 말릴 수 없다. 이별이란 이 말릴 수 없는 행위의 씨앗이다.

보이지
않다

　눈이 먼 사람이 독거미를 키우는 꿈을 꾸었다. 깨어났을 때 마음이 몹시 불편했다. 찬물을 들이키고 서재 의자에 웅크리고 앉아 막 깨어난 꿈을 되짚어나갔다. 어렴풋하던 꿈 안의 정황들이 세세하게 드러나자 불편하던 마음이, 여전히 꿈 안에 있듯, 조금씩 공포로 변해갔다. 독거미들이 시각장애인의 손끝에서 빠져나와 갈피없이 헤매다니는 모습은 곧 무슨 일이 벌어질 듯 긴박한데, 정작 앞이 보이지 않는 사람은 태평하다. 그걸 보면서도 무슨 일인지 아무 소리 없이 지켜보고만 있는 내가 한심하기 그지없는데, 생각해보면 즐기는 듯도 하다. 아마도 공포라면 그게 가장 지독한 공포인 듯싶다. 그리고 어떻게 되었나? 독거미들 중 하나가 내 다리 위로 기어오른 듯도 하고, 갑자기 새까만 개미들의 공격을 받은 것 같기도 한데, 거기서 깨어난 것 같다.

　며칠 동안 SF나 호러물에 버금가는 꿈들을 계속 꾸었다. 일에 치여 심신이 흐트러져 그런 것 같기도 하지만, 한두 해 그런 것도 아니고, 결국 정돈되지 못한 마음의 갈피 때문이라고 조용히 결론을 짓는다. 중국 육조 시대의 송나라 사람 유의경이 편찬한 일화집 『세설신어世說新語』에 이런 문장이 씌어 있다.

　"장님이 한밤중에 애꾸눈 말을 타고 깊은 못가에 이르렀구나
盲人騎瞎馬(맹인기할마), 夜半臨深池(야반임심지)."

　대부분의 위험은 자초하는 법이다. 내가 무엇을 지었는지, 무

엇을 짓고 있는지, 무엇을 지을지, 돌아보라는 뜻이 아니겠는가.

열다

생각은 생각이라는 이름의 폐쇄된 공간이다. 생각한다는 것은 그 폐쇄된 공간에 갇히는 일이다. 저 무수한 깨달은 자들이 입을 모아 "생각하지 말라"고 한 것은 "갇히지 말라"는 얘기였다. 그러나 인간인 이상 이것은 불가능하다. 어쩌면 깨달은 자들은 생각을 하지 않거나 생각을 버리기 위해 눈물겨운 사투를 벌이며 그것이 불가능하다는 사실을 뼛속까지 통각한 사람들일지 모른다. 그래서 그들은, 혹은 그들 중 몇몇은, 생각을 버리거나 갇히지 말라는 것 바로 옆에 놓여 있던, 바로 옆에 놓여 있었지만 발견하지 못했던 것을 찾아낸다. 그것은 "생각을 열어라"는 거였다. 생각을 활짝 열어 '열린 생각'을 가지게 되는 것은, 말하자면, 성냥갑만 한 생각을 라면 박스 크기의 생각으로, 라면 박스 크기의 생각을 집채만 한 것으로, 집채만 한 것을 더 큰 무엇으로 바꾸는 것이다. 여는 것은 '용적'을 넓히는 일이다. 이 단순한 논리가 정답이라면, 언젠가 그 열린 생각의 용적은 우주의 크기에 도달할 것이다.

아프다

고통은 감내해야만 하는 의무가 아니라 기꺼이 감내할 수도 있는 선택의 대상이다. 누구도 타인에게 고통을 주어서는 안 되거니와, 고통으로부터 교훈을 얻을 수 있다는 가능성조차 강요해서는 안 된다. 인생이 뭔지도 모르는 나이에 들었던 "눈물 젖은 빵을 먹어보지 않은 자와는 인생을 이야기하지 말라"는 말을, 따뜻한 가을볕 아래 널어 말리고 있다. 곰삭고 곰삭은 이 말이, 부디, 바짝 말라 비틀어져버렸으면 좋겠다, 하고 생각하니, 눈물이, 찔끔, 난다.

물을 수 없다는 것
— 인공지능에 대한 단상 1

인공지능을 탑재한 바둑기사(알파고)와 바둑계의 일인자인 이세돌이 펼친 세기의 대결 첫 대국 기보를 서너 번쯤 복기해보고 났을 때, 어떤 생각 하나가 뒤통수를 후려쳤다. 그것은 "설사 이세돌이 나머지 네 번의 대국에서 모두 이긴다 해도, 알파고는 최정상급 바둑 실력을 갖고 있다"는 사실이었다. 즉, 알파고와 바둑을 둬서 이길 수 있는 사람이 인류 가운데 몇 없다는 것이다. '바둑' 대신 다른 단어를 집어넣는 순간, 어금니가 꽉 물려지면서 오줌이 맹렬하게 마려웠다.

알파고와 이세돌의 첫 대국을 중계하던 해설자가 한 어떤 말을 기억한다. 이세돌이 다소 유리한 상황에서 알파고가 우변 흑 진영에 특공대를 투입한 때였다. 이 수의 향방에 따라 판세가 뒤바뀔 수 있었는데, 그때 해설자가 "나중에 이 수를 왜 두었지 알파고한테는 물을 수가 없겠군요"라고 말했다. 그렇다. 알파고와는 그저 바둑만 둘 수 있을 뿐, 어떤 대화도 (적어도 지금은) 할 수가 없다. 실제로 바둑이 끝났을 때 이세돌은 여느 때처럼 상대와 복기를 하지 못했다. 그저 참관자와 얘기를 나눴을 뿐이다. 의중을 파악할 수 없다는 것 – 이것이 주는 압박은 앞으로 알파고와 대결하게 될 프로기사들이 공통적으로 감수해야 할 문제다. 알파고가 문득, 저 의중을 알 수 없는, 의중이란 게 있을까 싶은, 그저 제가 옳다고만 생각할 뿐인 위정자처럼 느껴진다. 그래서 더 무섭다.

닮았을 뿐, 다른 존재
— 인공지능에 대한 단상 2

  신은 '자신을 닮은 존재'를 만들고 인간이란 이름을 지어준다. 신은 인간에게서 몇 가지 결함을 발견하게 되고 수정보완하는 과정에서 '진화'라는 자가 수정보완 프로그램을 삽입한다. 신도 자신이 만든 프로그램의 성능에 놀란다. 신은 자신을 복제해내는 피조물의 놀라운 능력에 대한 안전장치로, 인간이 가진 '유한성'이라는 치명적 결함을 제거하려던 계획을 취소한다.

  인간은 '자신을 닮은 존재'를 만들고 휴머노이드란 이름을 지어둔다. 인간은 휴머노이드에게서 몇 가지 결함을 발견하고 수정보완하는 과정에서 '인공지능 알고리즘'이라는 프로그램을 삽입한다. 인간도 자신이 만든 프로그램의 성능에 놀란다. 인간은 자신을 복제해내는 피조물의 놀라운 능력에 대한 안전장치로, 휴머노이드에게 전원이 공급되지 않을 때도 작동될 수 있는 '무한동력' 시스템을 삽입하려던 계획을 취소한다.

  최근에 읽기 시작한 미국의 저명한 진화주의자 카터 핍스가 쓴 『인간은 무엇이 되려 하는가』에서, 강력하게 내 의식을 붙들고 있는 '알파고' 현상과 관련해 생각해볼 만한 문장을 발견했다.

> 복잡성 과학에서 나온 가장 중요한 통찰력은, 새로운 것이 혼란한 상태에서 만들어졌다는 개념일 것이다. 일반적으로 질서와 안정성이 강한 시스템에서는 새로운 것이 나타나지 않는다.

혼란과 불안정성, 강력한 자유를 활용해야만 더 높은 형태의 질서와 새로운 것이 생길 수 있다. 이 시스템은 일반적으로 비평형disequilibrium의 상태로 던져지면서 새롭고 더 높은 수준의 자기 조직이 출현한다.

공정한 게임
— 인공지능에 대한 단상 3

인공지능으로 구축된 바둑기사 알파고와 인간의 두뇌를 장착한 바둑기사 이세돌의 대국이 한창 열기를 뿜는 동안 두 개의 의미심장한 기사가 떴다. 하나는 이세돌과 라이벌 관계에 있는 중국의 바둑기사 커제 9단의 원색적인 이세돌 비난 발언이었고, 다른 하나는 "컴퓨터 1,202대가 연결된 알파고와 이세돌 1인의 대국은 불공정하다"는 보도였다. 이 둘이 지닌 나름대로의 타당성은 이해할 수 있지만 '세기의 대결'로 명명될 만큼 중요한 '사건'에 너무 섣부르게 자의적 '잣대'를 갖다 대는 게 아닌가 싶은 생각도 들었다.

우선, 커제 9단의 원색적 비난은 바둑이 아무리 승패를 냉정하게 가르는 게임이라 하더라도 '우주적 철리'를 운위할 만큼의 품격 또한 지니고 있다는 점에서 동네 피시방의 RPG(역할수행게임) 고수나 보여줄 법한 속내를 비쳤다는 데 실망을 금할 수 없다. 이세돌보다 세계대회 타이틀을 더 많이 따냈던 이창호 9단도 전성기 때 신인급 기사에게 진 사례가 얼마든 있었는데, 알파고의 대국에서 비록 연패를 당한 상황이긴 하지만 애써 그런 쪽으로 해석해주는 것이 세계 최고수에 더 어울리는 일이 아니었을까 싶다. "구글은 인류의 대표로 이세돌이 아니라 커제를 택했어야 했다"는 얘기에 그가 우쭐했을 것 같다는 상상은 별로 하고 싶지 않다.

한 변호사의 생각이 강하게 반영된 "컴퓨터 1,202대가 연결된 알파고와 이세돌 1인의 대국은 불공정하다"는 보도는 바둑을 포함한 모든 승부의 특질을 외면한 얘기다. 완전히 공정한 승부는 존재할 수 없다는 얘기가 아니다. '도전기'에 임하는 최고수·우승자·정상은 필연적으로 자신을 제외한 나머지 모든 선수들과 맞붙어야 한다. 이게 아니라면 최고수·우승자·정상의 타이틀 방어전은 흥미도 의미도 없다. 이세돌은 알파고로부터 도전을 받는 입장이고, 알파고를 검증하는 인류의 대표다. 구글의 입장이 어떤 것인지는 정확히 알 수 없으나 구글은 "알파고가 과연 장사를 할 만한 물건일까?"를 시험하고 있는 것일 수도 있다. 그런 점에서 알파고가 이세돌을 이기는 것이 이세돌이 알파고를 이기는 것보다 더 흥미롭고, 의미도 더 커진다. 알파고의 승리가 섬뜩하게 다가오는 건 사실이지만.

디스토피아
― 인공지능에 대한 단상 4

　다섯 번의 대국에서 알파고의 완승이 예상되면서 확연히 드러나기 시작한 것은 바둑 또한 다른 게임들과 마찬가지로 철저한 '계산의 게임'이라는 사실이었다. 인간 대표와 인공지능의 대결을 거칠게 요약하면, '세계에서 가장 정밀하고 빠른 계산력'을 갖춘 이세돌이 자신보다 '더 정밀하고 빠른 계산력'을 갖춘 강적을 만나 패퇴한 것이다. 문제는 단 하나, 그 강적이 사람이 아니라는 사실이었다. 사람이 만들기는 했지만 이미 사람이 아닌.

　최고수의 자리를 인공지능에게 물려준 이상, 인간들끼리 승부를 가리는 앞으로의 바둑대회는 '호랑이가 사라진 숲'에서 벌이는 왕위쟁탈전에 다름 아닐 것이고, 그 어떤 명국이 나와도 "이 정도면 알파고를 이길 수 있었을까?"라는 물음에 결국 묻혀들고 말 것이다. 따라서 진짜 명국은 알파고와 앞으로 나오게 될 '베타고'나 '감마고' 사이에서 이루어질 것이다.

　좀 더 비극적인 사실은 바둑에 담겨 있다고 굳게 믿어왔던 '우주의 철리'란 것도 결국 계산력의 세계에 속한다는 것이다. 이 생각은 관념이나 추상이란 '파악하기 힘든 계산'에 붙여놓은 개념어에 불과하다는 것으로 이어진다. 바둑의 심오함은 '우주에 존재하는 원자의 수보다 더 많은 경우의 수'라는 엄청난 용량에 다름 아니고, 그 용량을 계산해내는 존재는 인간이 아니라 기계이며, 인간은 그 기계적 수치를 '심오함'이라는 말 속에 욱여넣을 정도의 지성을 지녔지만 연약하고 왜소한 동물에 불과하다. 이 것은 누군가가 "야구를 인생의 축소판이라고들 말한다. 누구에게나 세 번의 기회는 찾아온다는 점에서. 하지만 야구는 몸과 몸이 부딪치는 피지컬게임일 뿐이다. 멘탈 운운하는 건 피지컬이 떨어지는 자들의 변명일 뿐"이라고 말할 때 마땅히 대꾸할 말이 생각나지 않는 형국과 같다.

21세기 초반에 「엑스존」이란 단편소설을 발표했다. 소설의 무대는 간호프로그램의 개발과 상용으로 간호사들이 병원에서 대량으로 해고된 세계다. 나는 소설을 쓰면서 '간호'라는 말에 담긴 인간성이 프로그램이 아니라 이미 인간에 의해 파괴되어버렸다는 것을 암시적으로 드러내려 애썼다. 이 애씀에는 "제발 간호프로그램만큼은 만들지 말라"는 애절한 호소가 담겨져 있었다. "인공지능의 개발로 20년 내에 사라지게 될 일자리들"이라는 제목의 기사를 읽다가, 동료 소설가와 얘기를 나누던 중에 나온 섬뜩한 농담이 떠올랐다. "기계가 소설도 쓰고, 그림도 그리고, 음악도 만들고, 판결도 하고, 연애 상대도 되고, 배도 몰고, 기차도 몰고, 비행기도 몰고……"

갑자기 삶이 시들해져버렸다.

절망

    절망하지 않는 가장 현명한 방법은 절망이 무엇인지를 깨닫는 것이다. 절망이 무엇인지를 깨닫지 못하는 이상 절망은 늘 우리를 벼랑으로 내몬다.

본문

국회의원이 지역구를 대표하는 사람인 것은 맞지만 지역구 일을 하는 사람은 아니다. 국회의원은 '나랏일'을 하라고 뽑아준 사람이다. 청와대와 그 언저리 사람들이 뭔 헛짓을 했는지 간파하라고, 나라가 제대로 굴러가는 데 미비한 법과 규칙들이 무엇인지를 살펴 만들라고, 국민들에게 뭐가 필요한지를 자기 일처럼 생각하고 마음을 내라고, 억울한 일을 당한 국민들이 있으면 그 일이 무엇이고 왜 일어났고 해결할 수 있는 방안은 무엇인지를 강구하라고 뽑는 게 국회의원이다. 제 선거구에 도로를 놓고 다리를 놓는 일을 하라고 뽑는 게 아니다. 이걸 모르는 건 그들이나 지역구 주민들이나 매한가지다.

선거에 나와 1등을 먹고 여의도로 들어가 고개 빳빳이 들고 온갖 잘난 체를 다하던 자들이 3년쯤 넘기고 나면 다시 3년 전으로 돌아가 무릎도 꿇고, 연신 허리를 숙이며 사람들 손도 잡고, "사랑합니다. 최선을 다하겠습니다" 따위 허언 가득 적힌 팻말을 '칼'처럼 목에 건 채 교차로에 같은 복장을 한 사람들을 대동하고는 지나는 차들을 향해 손목 돌리기 신공을 보인다. 하지만 그들 중에 "억울하게 생을 마감한 비정규 노동자들의 신원을 푸는 일에 심신을 다하겠습니다. 진실의 처음과 끝을 명명백백히 밝히는 것으로 여러분이 저를 국회로 보내주신 뜻에 보답하겠습니다"라고 얘기하는 자가 없다. 그저 예산 많이 따와서 우리지역을 부자 동네로 만들겠습니다, 따위가 고작이다.

찰스 다윈이 진화론을 설파했다가 종교재판에 끌려갔을 때, 재판관이 다윈에게 빈정거리는 소리를 던졌다.

"원숭이가 당신 조상이라는 게 그렇게 좋소?"

그 빈정거림에 다윈이 정색하며 말했다.

"당신 같은 사람이 내 조상인 것보다 원숭이가 조상이란 게 백번 낫습니다."

가능한 일이라면 원숭이였던 시절로 돌아가고 싶은 심정, 굴뚝같다.

통독通讀

　한 권의 책을 다 읽는다는 것은, 처음부터 끝까지 모두 읽는다는 것은, 좀 과장스럽게 비유하자면 한 사람의 생애를, 그 안에 담긴 난급과 굴절을, 변화와 흔적까지를 모두 확인하는 일과 같다. 대의를 파악하고 핵심을 간파하기 위해 수많은 책들을 발췌 독하는 것보다는 단 한 권의 책이라도 깊이 통독하는 것이 더 소중한 일일 수도 있다. 이것을 좀 과장스럽게 비유하자면, 가능하면 더 많은 사람들을 경험하는 것이 한 사람을 깊이 탐구하는 것보다 인간이란 무엇인가를 더 객관적이고 보편적으로 정의해낼 수 있는 방법이라고 생각하지 않는 것과 같다.

비판

독일의 철학자 임마누엘 칸트의 세 비판서는 대상(세계)을 파악하기 이전에 파악하는 주체의 인식을 먼저 살펴보아야 한다는 데 입각해 쓴 책이라고 거칠게 요약할 수 있다. 역시 거칠지만 좀 더 구체적으로 얘기하자면, 대상을 인식할 때 우리가 따르는 법칙과 인식의 능력을 점검하는 것이 『순수이성비판』이고, 대상을 인식할 때 바람직한 행위법칙에는 어떤 것이 있는지를 따져보는 것이 『실천이성비판』이며, 그 법칙을 인식하고 그 법칙에 따라 판단하는 능력을 검토하는 것이 『판단력비판』이다. 어떤 학자는 이 세 가지 비판서를 각각 진眞과 선善과 미美의 문제를 논하는 것으로 보았는데, 충분히 일리가 있는 견해라 생각된다.

학자로서의 것이든 종교적인 것에 입각하든 칸트가 가진 도덕적 엄정함은 부처나 예수의 그것에 뒤지지 않는다. 부처나 예수가 그랬듯 칸트 역시 자신을 둘러싸고 있는 세계를 비판·판단하기에 앞서 그 세계를 비판·판단하는 자신을 먼저 비판·판단했으며, 이는 성찰의 진면이기도 하지만 실은 성찰을 넘어서는 일이다.

비난이 비판으로 기능하는 이즈음, 오후 세 시의 쾨니히스베르크 숲길을 거닐며 우주를 사색했던 철학자의 뒷모습이 눈앞을 스친다.

잘못

'읽지 않고 잘못 아는 것'과 '잘못 읽은 것'은, 둘 다 진리내용과 어긋난다는 점에서도 동일하고, 둘 모두 자기가 옳다고 강력하게 주장한다는 점에서도 쌍둥이처럼 닮았다. 찬사를 해도 진리내용과 어긋난다는 걸 알게 되면 개운치가 않은데, 진리내용과 다른 것을 가지고 비난을 퍼붓는 걸 보고 있으면 할 말을 잃게 된다.

쓰임

 본뜻과는 영 다른 뜻으로 쓰이는 게 이력이 붙어 그 다른 뜻이 본뜻을 제치고 본뜻 노릇을 하는 말들이 제법 많다. 가령, 하고 다니는 꼴이 단정하질 못할 때 흔히 쓰는 '칠칠맞다'는 건 '칠칠맞지 못하다'로 쓰거나 '칠칠하지 못하다'로 써야 옳은데, '칠칠하다'라는 게 "나무·풀·머리털 따위가 잘 자라서 알차고 길다" 그래서 "성질이나 일 처리가 반듯하고 야무지다"는 뜻으로 쓰이기 때문이다.

 '주책'이라는 말을 사전에서 찾아보면 더 우스꽝스럽다. 사전에는 이 말의 뜻으로 상반된 두 가지 내용을 써놓는다. 먼저 풀이는 "일정하게 자리 잡힌 주장이나 판단력"인데, 나중 풀이는 "일정한 줏대가 없이 되는대로 하는 짓"인 것이다. 먼저 해놓은 풀이가 주책의 원래 뜻에 부합하는 것이고, 나중 풀이는 '주책없다'의 풀이가 되어야 하는데 워낙 많은 사람들이 허다하게 잘못 쓰다 보니 하는 수 없이 "그럼 그렇게 하자"가 되어버린 것이다.

 "말은 생물이다"는 식의 그럴듯한 수사학으로 잘못된 말이 용인되고 마침내 잘못되지 않은 말이 되어가는 걸 보면, 잘못된 인간도 흘러가다보면 마침내 잘못되지 않은, 그러다 어느새 큰 위인이 되는 것도 하등 이상할 게 없다.

돌이킬 수 없는

 기억은 잔혹하다. "삶에서 가장 잔혹한 일은 기억이다"라고 한데도 반박할 수는 없다. 모든 비극은 기억에서 비롯된다. 내 손길이 익힌, 내 발길이 익힌, 내 숨결이 익힌 어떤 것에 대한 기억. 이것이 잔혹한 것은 손을 잘라내고, 발을 끊어내고, 숨통을 막아버려도 지워지지 않기 때문이다. 다시 태어났을 때 누군가를 발견해내고, 어딘가로 향하게 하며, 무엇과 호흡하게 한다면, 그건 기억 때문일 것이다. 천 년 전에 각인되었던 기억이 돌리고 있는, 신음처럼 삐걱거리는 소리를 내며 돌아가는, 저 거대한 윤회의 수레바퀴.

냉혹한
전망

"탈脫역사시대에 예술과 철학은 사라질 것"이라는 우울한 전망이 담긴 프랑스의 구조주의 철학자 장 보드리야르의 『Cool Memories』를 읽던 세기말의 어느 날 책의 여백에 달아놓은 씁쓸한 주석 몇 줄을 오늘 우연히 발견하고 젖은 솜처럼 푹 가라앉았던 마음이 극적으로 떠올랐다. 마치 얼음덩어리를 등에 갖다 댄 것처럼.

> 탈역사시대에 예술과 철학이 사라지리라는 전망은 거의 옳다. 이때 사라지는 것은 지적조건을 갖춘 예술(적어도 철학은 이미 사라졌다)만이 아닌 예술의 본질인 창조력이다. 창조는 너무도 많은 경비를, 혹은 성과는 없고 오직 투자만이 존재하는 영역이므로 그 투자를 요구하기 때문이다. 이는 경제적 정의에 위반되며, 상업적 성과를 기대할 수 있는 '상품'으로 대체될 뿐이다.

오늘, 여전히 예술을 붙들고 있는 수많은 고집쟁이들과 미련퉁이들과 착각하는 자들을 위해, 간절한 기도를 올린다. 살아남기를. 어떻게든 살아남아주기를. 나의 기도가 뾰족한 수를 생기게 할 리 없지만.

걸핥기

　개론槪論은 각론各論의 입구가 아니라, 각론으로 들어가는 것이 두려워 그 들어가는 입구를 봉쇄해버린 자들이 만든, 외양만 화려한 거짓 성채다. 개론은 한낱 요약본에 불과하므로 이론서라고 할 수도 없다. 개론을 읽고 만족한다는 것은 마치 『죄와 벌』을 읽지 않아도 그 작가가 도스토옙스키라는 걸 알고 있어서 얼마든 퀴즈 대회에 출전해 입상할 수 있다고 생각하는 것과 같다. 그는 퀴즈 대회에 출전해 1등이 될 수도 있겠지만, 그것은 개론의 유용성에 대한 환상만을 키우는 일종의 수렁이다. 그가 알고 있는 『죄와 벌』이란 제목과 그 작가와 등장인물과 내용은 그에게 지식의 개념을 왜곡하게 만들고, 여전히 읽지 않은 사람에 불과하다는 사실에 대한 자각을 둔화시키며, 결국 영영 『죄와 벌』과 멀어지게 만든다.

　이 논리를 사람을 아는 일에 비유해보면 명료해진다. 삶의 구조상 우리는 그리 많은 사람을 깊이 알 수가 없다. 말하자면 우리는 그저 많은 사람의 '개론'만을 알 수 있을 뿐이다. 하지만 우리는 그것만으로 그를 '충분히' 알았다고 단정하며, 그의 과거를 면밀히 들여다보지 않은 채 그의 현재를 판단하고 미래를 재단한다.

　이 무서운 속임수 논리는 존재의 심연으로 들어가는 입구를 봉쇄하고, 그 봉쇄된 입구를 기초로 화려한 외양의 거짓 성채를 쌓게 만든다. 비극은 여기에 그치지 않는다. 입구는 출구를 겸하고 있어서, 결국 입구만 봉쇄한 것이 아니라 어렵사리 각론의 심연으로 들어갔던 사람들이 돌아 나오는 출구까지 봉쇄해버린다. 개론으로 지식의 성을 쌓은 수많은 '지식인'들, 그들의 당당한 위세가, 솔직히 부럽다. 겉만 핥아도, 아니 겉만 핥아서 반들반들해진 그들의 이마가 참 눈부시다.

청소

 청소를 좀 해본 사람은 안다. 자주 하면 할수록 하기가 쉽고, 미룰수록 그만큼 힘들어진다는 것을. 힘들어지기 시작하면 조금씩 미루게 되고, 미루는 빈도가 잦아지면 하찮고 좀스런 일에 신경을 쓰고 있는 것 같이 느껴지고, 그런 느낌이 반복되면 마침내 먼지와 쓰레기들 속에 살고 있다는 사실을 깨닫게 된다는 것을. 이런 깨달음이 온 순간에도 팔을 걷어붙이지 않는다면 달리 방법이 없다. 쓰레기의 삶을 사는 수밖엔.

법에 대한 오해

세상에는 두 종류의 '법 없이도 사는 사람'이 있다. 하나는 원래의 이 언설이 가리키는 "성정이 선하고 순해서 삶 자체가 법을 어기는 것과는 거리가 먼 사람"이다. 다른 하나는 "법을 잘 알아서 어떻게 하면 법을 지키지 않고도 범죄자가 되지 않는지를 잘 아는 사람"이다. 원래의 언설과는 아무런 상관이 없는, 아니 정반대의 경우다.

개와 돼지들은 '법 없이도 사는 존재'들이다. 그들은 법의 존재 이유로부터 태생적으로 자유롭다. 그래서 법이 없어도 사는 데 아무런 지장이 없는 것이다. 그러나 개와 돼지를 자신들이 '거느려야 할 대상'이라고 생각하는 자들은 법을, 가능하면 쓸데없을 정도로 디테일하게 만들어서, 개와 돼지를 '관리'하는 데 사용한다. 그들은 불법도축을 합법화하는 스킬에 능숙한 위법자, 즉 범죄자이지만, 법은 결코 그들에게 적용되지 않는다.

'법이 없어도 살 수 있는 사람'이라는 원래의 언설은 이제 개와 돼지에 대한 모욕으로 기능한다. 법과 지근거리에 있는 법 종사자들이 개와 돼지들에게 법을 들이대는 것이 법치주의가 되어 있기 때문이다. 이런 방식의 법치주의에서 법은 계급주의사회에서 상위계급이 하위계급에 적용하는 가혹한 통치의 수단과 동일하다. 이것이 오늘의 법치주의가 아니란 것은, 이것과 정반대에 있는 것이 법치주의라는 것은, 수많은 법학 교과서들에 또렷이 명시되어 있다. 즉, 개와 돼지가 "제대로 법을 적용하라!"고 말하고, 이 말이 지켜지고 적용되는 사회가 바로 법치주의가 이루어지는 사회다.

우리 현대사에서 '법'은 위정자와 위정자의 시녀로 전락한 검찰과 법에 가장 가까운 곳에 존재하는 자들이 휘두르는 '칼'이었다. 이것이 칼이었던 것은 우리 현대사에 얼마나 많은 개와 돼지의 피가 묻어 있는지를 통해 증명한다. 지금도 여전히 법은 시퍼렇게 날을 세운 칼이다. 이것을 휘둘렀던 자들이 여전히 건재하고, 떵떵거리며, 온갖 교묘한 언술로 법이 만인의 법이라고 떠들어대고 있기 때문이다.

그러나 진짜 무섭고 슬픈 현실은 법을 칼로 휘두르도록 권리와 자격을 준 것이 개와 돼지라는 사실이다. 그렇게 하는 것이 배곯지 않는 개와 돼지가 되는 방법이라고 믿었던, 여전히 그렇게 믿고 있는 개와 돼지의 착오 – 이것에서 벗어나지 않는다면, 법치法治는 여전히 '계급사회'를 지탱하는 수단으로 장수할 것이다.

하다

경험 자체만으로는 결코 사실이 될 수 없다. 경험한 뒤에 사실을 탐구하는 자만이 겨우 사실의 그림자만이라도 발견할 수 있을 뿐이다.

진실

"진실은 반드시 밝혀진다"는 말은 매우 진실해보이지만 결국 내가 아닌 다른 누군가가 밝혀줄 것이라는 의미이며, 여기엔 "진실을 반드시 밝히겠다"는 의지가 결여되어 있다. "조사에 성실히 임하겠다"는 말은 매우 성실해보이지만 묻는 말에 고분고분 응하겠다는 것 이상의 의미를 읽어내기 힘들고 그래서 의례적 수사修辭에 지나지 않는다. 잘못을 저지르지 않은, 혹은 잘못을 저지르지 않았다고 생각하는 사람은 '진실'과 '성실'이란 단어를 조심해서 사용해야 한다. 수동태 문장 안에 그 단어들을 가둬놓으면 진실은 그만큼 멀어지고 성실은 의지가 담겨 있지 않은 공허한 철자에 불과해지기 때문이다.

지키다

우리는 어떤 사명감에 휩싸여 무척 감상적으로, 혹은 감성에 호소하듯 "정의를 지켜야 한다"고 말할 때가 있다. 우리가 지키지 않으면 정의가 무너지거나 사망하기라도 한다는 듯. 정의가 만약 누군가에 의해 지켜져야만 하는 무엇이라면, 정의는 그 자체로 세상에서 가장 나약하고 소심한, 스스로는 아무것도 할 수 없는 금치산자일 뿐이다. 정의는 누구에 의해 지켜져야만 하는 무엇이 아니라, 그 자체로 완전무결한 신에 가깝다. 그저 '가까운' 것이 아니라 신이다. 정의의 신성神聖을 입증할 수 없다는 점에서, 자신의 입을 통해 어떤 신성함도 설파하지 않는다는 점에서도, 과연, 정의는 신이다. 종종, 아니 아주 빈번하게, 정의를 부인하거나 능멸하는 무리들이 마치 신을 부인할 수 있는 증거 하나 가지고 있지 않으면서도 신을 부인하는 독신자瀆神者들 마냥 고개 빳빳이 들고 나타나 거짓 정의를 외친다. 이때에도 정의는, 신이 그러하듯, 여전히 입을 닫고 있을 뿐이다. 이때의 침묵은, 침묵이 흔히 그렇듯, 자기부정自己否定으로 잘못 읽히고, 왜곡되며, 마침내 입증불능의 증거로 쓰인다.

    침묵은 때로 입을 가진 존재, 사고하는 존재, 자신을 변호해야만 하는 존재가 행하는 매우 유효한 행위들 중 하나이지만 시작도 끝도 없는, 입도 귀도 없는, 긍정과 부정을 초월한 존재에게 침묵은 아무런 의미도 가치도 없다. 신이 입을 다물고 있다고 해서 신을 부정할 수 없듯, 정의가 스스로 말하지 않는다고 해서 정의를 부정할 수 없다. 하여, "신은 존재하는가?"와 "신은 누구인가?"라는 물음에 대한 답이 그저 언어와 사고를 매개로 벌이는 유희에 불과하듯, "정의는 존재하는가?"와 "정의란 무엇인가?"라는 물음 또한 고급한 유희 이상의 것이 아니다. 비극이라면, 정의에 대해 우리가 해야 하는 것이 정의를 '그저 믿는 것'뿐이라는 사실이다. 신을 '그저 믿는 것'이 독실한 신자의 덕목이듯.

결국 이것이 비극이므로, 이것을 비극으로 두고 싶지 않아서, 신을 증명하듯 정의를 증명하려 애쓰지만, 이 애씀은 또 다른 비극을 만들어낸다. 슬픔이 아름다울 수 있거나 고통이 아름다울 수 있다는 걸 이해하고 체득하기 위해서는 극단의 슬픔과 극단의 고통을 겪어봐야만 하듯이, 결국 정의의 존재가 선험적이라는 사실을, 그 사실의 아름다움을 이해하고 체득하기 위해서는 정의가 극단적으로 훼손되는 경험을 해보아야만 한다.

일제강점과 한국전쟁, 군부독재와 5·18, 국정농단까지 – 우리는 참으로 오래고 질긴, 거대한 '정의의 파탄'을 경험했고, 경험하고 있다. 이제 더 어떤 경험을 더해야 하는지 의심스러울 정도로 겪었지만, 아직, 아닌가 보다. 더 엄청난 정의의 파탄이 남아 있는가 보다. 강원랜드 인사청탁에서 목줄을 하지 않은 반려견에 의한 치사까지, 노벨평화상 수상자가 통치하는 국가에서 일어난 인종청소에서 노벨평화상 수상자에 대한 수상취소 음모까지, 경찰의 부실 수사가 곳곳에 터지지만 이미 지나간 사건들에 대한 수사는 부실할 수 없다는 취지의 온갖 발언들까지 – 상강霜降의 서늘한 아침, 정의 위에 몇 겹의 서리가 내려앉은 걸 본다.

이 모든 것이 정의가 침묵하기 때문이라면, 침묵하는 정의에게 입을 떼라고 하더라도 소용이 없기 때문이라면, 결국 우리 자신이 정의의 입이 되지 않으면 안 된다. 그렇지 않다면, 날마다 봇물 터지듯 쏟아져 나오는 부정한 사건들은, 결국, '정의가 해결하지 못하는 사건'들이 될 것이고, '얼마든 저질러도 뒤탈이 없는 목록'들이 되고 말 것이다.

아름다운 독자

 1939년 5월, 스물세 살의 프랜시스 크롤(1916~2015)은 일자리를 구하러 직업소개소를 찾았다가 한 소설가의 비서로 일을 하게 된다. 그 소설가는 건강이 나빠져 지인의 시골별장에 머물러 있던 스콧 피츠제럴드였다. 크롤은 이후 20개월을 – 피츠제럴드가 삶을 마감할 때까지 – 그의 비서로, 사적인 얘기까지 털어놓는 친구로, 골프 파트너로 함께했다. 하지만 피츠제럴드와 크롤 사이엔 어떤 로맨틱한 관계도 없었다. 나중에 결혼해 프랜시스 크롤 링Frances Kroll Ring이 되는 크롤은, 이후 자신의 고향인 뉴욕과 캘리포니아에서 작가와 편집자로 활동했다.

 그녀는 자신이 보필한 작가의 사후에도 생전에 하던 것과 다름없이 성실했다. 피츠제럴드의 아내(젤다)와 딸(스코티)에게 위로의 편지를 보내고, 작가의 세무관계를 정리하고, 원고들을 그러모아 윌밍턴에 있던 작가의 유언집행인 존 빅스 판사(피츠제럴드의 프린스턴 재학시절 친구)에게 보내고, 마지막으로 작가의 시신이 들어갈 관을 골랐다. 그녀는 자신의 여생 내내 연구자이며 열렬한 독자로서 피츠제럴드와의 기억을 아낌없이 공유했다. 명배우 제러미 아이언스가 피츠제럴드 역을 맡았던, 국내에는 개봉하지 않아 피츠제럴드의 문학을 사랑하는 애독자들에게도 잘 알려져 있지 않은 영화 〈라스트 콜Last Call〉(2002)의 원작자는 그녀였다.

멘탈

　A는 키도 덩치도 작았다. 그런데 깡다구가 셌다. A를 만만히 보고 싸움을 걸었던 녀석들이 끝내 A를 이기지 못한 건 그 깡다구 때문이었다. 다들 그렇게 알았다. 하지만 A가 누구에게도 끝내 지지 않았던 '실체적 진실'은 깡다구가 아니라 누구도 제대로 간파하지 못한 A의 전략이었다. 얼핏 보면 많이 맞는 것처럼 보였지만, 그래서 덩치가 작지만 맷집이 있다고 비쳐졌지만, A에게 쏟아지던 그 숱한 펀치들 대부분은 A의 견고한 커버링 위를 때린 것이어서 A에게 심각한 데미지를 입히진 못했다는 것 – 그것이 A를 '깡다구 센 놈'으로 위장하게 만든 A의 뛰어난 전략이었다. 훗날 어느 영리한 친구 하나는 A의 그 견고한 커버링을 '멘탈'이라는 용어로 번역해주었는데, 참 그럴듯했다.

　B도 A만큼 키가 작고 덩치도 작았다. 깡다구도 제법 센 편이었다. A의 경우와 마찬가지로, B를 만만히 보고 싸움을 걸었던 녀석들이 끝내 B를 이기지 못한 것 역시 그 깡다구 때문이었다. 다들 그렇게 인정하는 추세였다. 그런데 B는 A와는 달리 싸움이 끝나고 나면 많이 앓았다. 싸움이 벌어지고 한동안 B의 얼굴에는 '아까징끼'가 발라져 있었고 반창고가 붙어 있었다. 그것은 싸움에서 B가 적지 않은 데미지를 입었다는 '물증'이어서, B와 붙었던 녀석들은 슬그머니 B에게로 가서 사과의 말을 남기곤 했다. 하지만 B는 녀석들의 사과를 온전한 사과로 받아들이지 않

았다. 훗날, A의 커버링을 멘탈로 번역해주었던 영리한 친구는 B의 그런 태도에도 역시 '멘탈'이란 자를 댔다. 기이하게도, 참 그럴듯했다.

 세월은 흐르는 물처럼, 쏘아놓은 화살처럼 지나갔다. A는 여전히 키도 덩치도 작고 깡다구도 여전히 셌다. 예전만큼은 아니지만 커버링 실력도 잘 유지되고 있는 듯했다. B는 그 사이 키도 많이 커지고 덩치도 제법 커졌다. 피트니스클럽에 열심히 다녀 복근도 꽤 생겼다. 하지만 B는 키 작고 덩치도 작던 시절에 겪은 싸움의 그 쓰라린 기억들을 좀체 털어내지 못했고, 그래서 이따금 동창회에서 예전의 그 못된 녀석들을 만나면 못마땅한 속내를 드러내곤 했다.
 얼마 전 동창회에서, 한동안 안 보이던 '영리한 친구'를 만났다. 지금의 A와 B에 대한 그 친구의 해석이 궁금해서 물었다. 돌아온 대답은 예전이랑 별반 다르지 않았다. 다만 얘기가 좀 길어졌다.
 "멘탈도 유전인지, 잘 바뀌질 않아. 바꾸려면 인식, 철학, 세계관, 뭐 이런 게 바뀌어야 하는데, 그러자면 공부도 많이 해야 하지만 공부한 그걸 이론의 틀에만 가둬두면 안 되거든. 실현해내야지. 내일 종말이 와도 오늘 사과나무를 심어야 한다는 거 – 그

정도는 돼야 멘탈의 '실체적 진실'에 한 걸음쯤 다가가는 거지."

알 듯 말 듯한 그의 변설에 나는 고개만 *끄덕끄*덕했다. 그리곤 어릴 적 자신들을 무던히도 괴롭히던 '놈'들과 잘도 어울리고 있는 A와 B를 신기한 듯 바라보았다.

문학

 "어쩌면 문학의 테마는 단 두 개뿐일지 모른다. 하나는 한 인간과 다른 인간과의 관계이고, 다른 하나는 외로운 한 인간이 우주와 자신 앞에 홀로 서는 것이다. 보르헤스는 후자에 속한다. 보르헤스의 작품에 결정적으로 빠진 게 있다. 그것은 사랑이다. 그의 작품엔 천상의 사랑도, 지상의 사랑도 나오지 않는다. 그의 작품은 다른 진영에 속한다. 그의 모든 작품들의 공통적인 테마는 시간과 그것을 극복하려는 우리들의, 소득은 없지만 끝없이 반복되는 시도들이다. 영원이란 낙원은 뒤집어보면 권태롭기 짝이 없는 형벌이고, 가공적인 픽션의 세계가 때로는 현실보다 더욱 리얼할 수도 있다."

 1991년 보르헤스가 세상을 떠났을 때 옥타비오 파스가 보르헤스를 회고하며 쓴 「교류」라는 제목을 가진 글의 한 대목이다.

 시와 소설들이 자꾸만 작아지고 있다는 생각, 문학의 대가들이 쳐놓은 잔가지들을 주워 모아 거기에 불을 붙여 곁불이나 쬐면서 첨단의 글쓰기라 자위하고 있다는 생각, 초월의 대하를 건너기 위해 손바닥이 부르트도록 뗏목을 엮는 대신 조약돌이나 주워 그 넓디넓은 강에다 돌팔매나 던지는 것으로 자족한다는 생각, 비겁과 유약도 문학의 일이지 않느냐 하다가 그게 진정한 문사의 길이라고 강변하고 있는 것 같다는 생각, '먹고 산다'는 보편적 명제를 관념의 정상에 깃발처럼 꽂아놓고 필사적으로 우러른다는 생각 – 아련한 그리움처럼 봄이 오고 있는, 그러나 아직은 여전한 겨울의 아침, 보르헤스의 견성犬性 앞에 숙여진 머리가 무겁다.

'태우다'와 '타오르다'의 차이

하루키가 포크너를 읽지 않았다는 얘기를 어느 인터뷰 기사에서 보았다. 그러니까 「헛간을 태우다納屋を焼く」라는 단편소설을 쓰던 하루키가 포크너의 단편소설 「헛간, 타오르다Barn Burning」를 읽지 않은 상태에서 썼다는 것이다. 영향을 우려해 그렇게 했을 수도 있겠으나, 이 말을 나는 – 그러니까 하루키의 단편도 읽었고 포크너의 그 단편은 번역까지 한 사람으로, 실은, 같은 소설가로서 – 믿지 않는다. 작가는 누구보다 제목이 차지하는 중요성을 잘 아는 사람이거니와 혹여나 발생하게 될 '표절'의 의혹을 생각하더라도 그렇게 하긴 힘든 일이다.

하지만 중요한 건 하루키가 포크너를 읽지 않고 제목만 빌려왔는가의 여부가 아니라, '헛간'이 두 작가에게서 전혀 다른 용도·소재·소도구로 사용되고 있다는 사실이다. 즉, 하루키에게 '헛간'은 그야말로 비어 있는, 나아가 쓸데없어서 태워 없애는 게 더 좋은 무엇이지만, 포크너에게 '헛간'은 정반대로 매우 중요하고 긴요해서 태워버렸을 때 상대에게 타격을 입히기에 아주 좋은 무엇이다. 그래서 하루키 단편의 캐릭터는 유희로 헛간을 '태우'지만, 포크너 단편의 등장인물은 목숨을 걸고 헛간을 '타오르게' 만든다.

이창동의 영화 〈버닝〉은 잘 알려져 있듯 하루키의 「헛간을 태우다」를 원작으로 하고 있지만, 포크너의 「헛간, 타오르다」를 완전히 배제하진 않는다. 원작에는 없는 포크너 이야기가 마치 인서트 컷처럼 두어 곳에 등장하거니와, 역시 원작에는 없는 마지막 장면에서 종수(유아인)의 '행위'가 포크너의 「헛간, 타오르다」의 포괄적 원용으로 읽히기 때문이다. 요컨대, 하루키의 유희와 포크너의 절실만 놓고 보면, 종수의 '발화'는 당연히 후자다.

이창동의 영화는 미장센 같은 영화문법으로 봐도 탁월하지만, 내게 그의 영화는 '문학'의 연장으로 느껴진다. 그가 소설가라서가 아니라 플롯에도, 캐릭터에도, 메시지에도, 기왕의 명작영화들로는 재어지지 않는, 문학의 특질이라 할 만한 디테일한 깊이와 예민함이 들어있기 때문이다. 이것은 흔히 상업영화와 배치되는 예술영화와도 다른 점이다. 이창동 영화에는 예술영화 특유의 카메라 워크나 무대장치가 없다. 실험적 소재나 전개, 문어체의 대사도 없다. 암시와 상징을 의도적으로 제한하는 것 또한 그렇다. 이런 것은 오히려 상업영화가 취하는 방식만큼이나 보편적이고 통상적이다. 그리고 그 안에서 조금씩 다르게 그만의 영화가 만들어진다. 테이크를 조금 더 끈다거나, 인서트 컷에 설명을 맡겨놓는 걸 극도로 피한다거나, 시간구성을 뒤튼다거나, 침묵을 적절히 활용한다거나, 하는. 이런 작은 '다름'으로 인해 그의 영화들은 2시간짜리 영화로서는 갖기 힘든 '디테일'을 성취해낸다. 또한 그의 시나리오를 보면 지문들이 소설에서의 묘사처럼 되어 있는데, 거기엔 영상으로 찍히지 않는 캐릭터의 심리적 묘사까지 적혀 있다. 영상으로 찍히진 않지만 시나리오를 읽은 배우들은 그걸 통해 캐릭터의 내면을 만들게 될 것이고, 연기로 드러나게 될 것이다.

이런 '다름'은 작지만, 기왕의 영화들에 익숙한 관객들에겐 크게 작용하는 듯하다. 영화 마니아들 사이에서조차 이창동 영화를 이해하기 어렵다고 여기는 사람들이 있다. 기왕의 영화들에, 기왕의 영화들이 가진 패턴에, 익숙해져 있다면 그럴 수도 있다. 이런 패턴에 익숙한 사람들에게, 죄의식을 감춘 채로 하루하루를 버텨내는 사람(〈박하사탕〉의 설경구)이나 뇌성마비 여자를 사랑하는 남자(〈오아시스〉의 설경구), 아이가 유괴되어 살해당한 뒤에도 그곳을 떠나지 못하는 엄마(〈밀양〉의 전도연), 자신이 키운 손자를 고발하는 노인(〈시〉의 윤정희)은 불편한 존재이며, 이런 불편함이 곧 이창동 영화에 대한 이해의 '어려움'으로 환원되는 것이다.

이창동의 영화에 어김없이 등장하는 기독교에 대한 혐오 또한 불편과 난해로 이어진다. 등장인물의 심리나 행동이 가진 이유·동기·목적 들이 등장인물의 입을 통해서는 물론 화면을 통해서도 결코 설명되지 않는다는 점 또한 관객들을 불편하게 하고

"이창동 영화는 어려워"라는 생각을 가지게 만든다. 범행과 범인, 목적과 해결이 또렷하게 설정되고 설명되는 기왕의 영화들에 익숙한 관객에게 이런 식의 생략 혹은 설명 부재는 불친절을 넘어 난해함으로 쉽게 건너가버리는 것이다.

   이창동의 영화에는 인간은 존엄하다거나 평등하다는 신화에 대한 냉소와 불신이 가득하거니와, 〈버닝〉은 여기서 한 걸음 더 들어가, 존엄하지도 평등하지도 않은 인간들 사이에 결코 일어날 수 없는 조화나 화해를, 억지 조화와 화해를, 섬뜩하게 보여준다. 침묵과 자존심을 헛갈리고, 사랑과 욕망을 헛갈리고, 같은 상황이 서로 달리 기억되고, 같은 단어조차 서로 다른 의미를 가지게 되는 상황 – 이 거대하고 리얼한 왜곡을 이해하려 하지 않는 한 〈버닝〉은 또 한 편의 난해한 이창동표 영화에 불과하다.

부질

쓸데없는 행동이나 기대할 게 없다는 뜻으로 쓰는 순우리말 '부질없다'에서 '부질'은 대장간에서 연장을 단단하게 하기 위해 쇠를 불에다 달구어 연마하는 과정인 '불질'을 가리킨다. 불질을 제대로 하지 않으면 쇠가 약해질 수밖에 없고, 그런 쇠로 만든 연장이 제구실을 할 리 없다.

세상이 온통 불질을 해대는 것 같던 1994년 여름을 오롯하게 기억하는데, 올여름에 그 기록이 깨졌다. 인간이 쇠도 아니고 뭘 그리 연마시키겠다는 건지 마구 '불질'을 해대시는 신의 섭리가 참으로 신묘하다. 신의 섭리 운운하는 건, 부질없는 볼멘소리다. 이것이 모두 인간들이 스스로 저지른 업보라는 자아비판에 나는 동의한다. 이대로 지구가 타버린다 해도, 인류가 불의 심판을 받는다 해도, 할 말은 없다. 부질없다.

준령의
문학

  동네 앞산 뒷산을 산이라 할 수 있느냐고 묻는 건 우문이다. 산에 대한 첫 경험을 무화시키는 것이기도 하지만, 고산준령의 위엄과 가치에 못지않은 낮은 산의 순함과 평이에 대한 폄훼이기 때문이다. 그럼에도 불구하고, 어쩔 수 없이, 동네 앞산과 뒷산은 산이라 할 수 없다. 그것을 산이라 고집하는 것은 산에 대한 첫 경험을 스스로 무화하는 것이고, 고산준령의 위엄과 가치로부터 눈을 감는 짓이다. 대청봉을 한달음에 치고 오르는 것을 등정의 절정으로 여긴 자가 아이거 북벽에 몸을 부딪쳤을 때 격렬하게 뛰어오르는 가슴과 쩍쩍 갈라진 크레바스 밑 푸르고 검은 아찔함을 지나 희박한 공기 속에 천공처럼 웅크린 8천미터를 향해 쇳덩이처럼 옮겨지는 알피니스트의 걸음은, 순함과 평이에 대한 희구를 버렸을 때에만 가능한 경험이다. 멀고 아득한 길을 돌아오지 않고 안주安住를 얘기해선 안 된다는 것, 그러지 않고 부르는 '물레방아 인생'은 공허한 지저귐에 불과하다는 것 - 흡혈귀와도 같은 관념의 귀신들에 들려 온몸의 피를 빨린 뒤에야 한 줌 빈혈의 문장을 써낼 수 있다는 것, 그것이 달콤하고 안온한 서정의 혈색보다 더 깊은 핏빛이라는 것.

남자,
들

  20세기가 끝나던 해, 하버드대 신학대학 학장 로럴드 시먼 교수가 교내에서 사용하던 컴퓨터 하드에 다량의 음란동영상을 소장하고 있다가 발각되었다. 쉰두 살의 저명한 루터파 목사이기도 했던 그는 지원기술팀에 자신의 컴퓨터를 업그레이드해줄 것을 요청했다가 컴퓨터를 살펴보던 기술자에 의해 들통이 난 것이다. 사건이 기사화되었을 때 학생들의 반응이 흥미로웠다. 심각한 사안으로 보고 그의 종신교수직까지 박탈해야 한다는 주장도 나왔고, "침대 밑에다《플레이보이》를 숨겨놨다가 들킨 것 정도"로 대수롭지 않게 여긴 학생들도 있었다. 어쨌든 그는 파면을 피할 수 없었다.

  남자애들이 '성에 눈을 뜨는 시기'는 대체로 중학생 때다. 고등학생이 되면 '성범죄자 집단'의 일원들을 방불한다. 실제로 십 대 중후반의 남자애들이 주고받는 얘기의 8할은 '성'과 관련되어 있고, 그 8할의 8할은 '당장 수사를 해야 할 정도의 범죄'에 해당한다. 물론 내가 고등학생일 때를 환원한 얘기지만, 고작해야《꿀단지》같은 조잡한 야설류에 미군부대에서 흘러나온《플레이보이》따위 야한 잡지들이 전부였던 시대와 지금을 비교할 수는 없는 일이다. 지금은 그 하한선이 초등학생으로 내려갔다는 건 과장이 아니다.

  나는 "남자는 잠재적 성범죄자"라는 언설에, 많이 아프지만,

반발할 수 없다. 이따금 이 언설에 발끈하며 여기에 담긴 음모론적 논리를 침을 튀겨가며 강변하는 남자들을 보면 속이 쓰리다. 그들은 "사고도 내지 않았는데 술을 먹었다는 것만으로 왜 단속하냐!"고 삿대질을 하며 열을 올리는 음주운전자를 연상시킨다. 거의 대부분의 남자들은 자신들의 뇌에 가부장적 사고가 얼마나 깊이 박혀 있는지를 제대로 인식하지 못하거니와 젠더의 문제가 기실 존재의 문제라는 사실임을 '체득'하는 데도 성실하지 못하다.

'잠재적 성범죄자'라는 논리는 남자에게 터무니없는 피해의식을 부추기는 음모론적 논리가 아니라 오히려 이 언설에 담긴 진정한 의미와 지향을 찾아내도록 독려하는 소중한 충고에 가깝다. 이 사실을 깨닫지 못하게 만드는 것이 진짜 음모론이다.

물러서다

 한 걸음을 물러서면 인생 전체가 물러나는 줄 아는 사람이 있다. 이런 사람에게 '한 걸음'에 붙는 조사는 '이나'다. "한 걸음이나 물러서면 인생 끝나." 그는 이 말로 자식들을 다그치고, 배우자를 다그치고, 아랫사람을 다그치고, 때론 윗사람에게도 그런다. 그러다가 뭔 소리를 들으면 돌아서서 칼을 간다. 어디 두고 보자 – 그의 입에서 두 번째로 많이 나오는 소리다.
 이와는 반대로, 한두 번이 아니라 매번, 어쩌다가 아니라 늘, 물러나기만 하는 사람을 본 적이 있다. 그의 사전에는 오직 '양보'만이 존재하는 듯 느껴지는 사람이었다. 대개는 훌륭한 전범으로 삼았지만, 때로는 짜증 비슷한 것, 화 비슷한 것이 일기도 했다. 이유는 여러 가지였지만, 내가 따라할 수 없는 것이어서라는 게 가장 큰 이유였다. 그러나 그의 물러남이 그에게 가져다주는 건 아무것도 없어 보였다. 그렇게 물러난다고 그가 얻는 건 아무것도 없어 보였던 것이다. 그는 열의 열 번 모두 마땅히 받아야 할 대가를 받지 못했고, 당연히 누려야 할 가치를 누리지 못했다. 물론 그것들마저 스스로 물려낸 것이었지만. 그러나 그는 세상 모든 것을 다 얻은 것 같은 얼굴이었다. 늘, 매번.
 한 걸음이 아니라 반걸음, 아니 한 뼘조차 물러나지 않는 사람과 언제나 물러나기만 하는 사람 – 둘 모두에 대한 세상의 평가는 "고집스런 사람"으로 동일하다. 다만 이 평가 앞에 전혀 다른 수식어가 생략되어 있다. '추한'과 '아름다운' - 추한 고집쟁이와 아름다운 고집쟁이.

뒤집어지다

"때린다, 부순다, 무너뜨린다, 내 앞에 절하지 않은 자가 누가 있나, 진시황, 나폴레옹……" 처음 최남선의 「해에게서 소년에게」를 만난 건 중학교 교과서에서였다. 명확하게 남아 있지는 않지만, 뭔지 모를 뿌듯함과 그렇게 벗어나고 싶었던 '소년'에게 숨겨진 신비로운 힘에 괜히 가슴이 벌렁거리던 기억이 아슴아슴하다.

하지만 고등학교 교과서에서 다시 만났을 때는 완전히 달랐다. 이광수와 더불어 문학과 영혼을 일제에 팔아먹은 대표적인 변절자의 시는 허세와 위선으로 가득한 추접스런 격문으로 추락해 있었다.

그러다가 대학에 들어와 김현의 '이광수론'에서 만나게 되는 저 유명한 "만지면 덧나는 상처"라는 언명에 기대어 최남선은, 그의 해와 소년의 시는, 속절없이, 깊고 어두운 해구 속으로 가라앉혀버렸다. 다시는 떠오르지 못하도록 무거운 돌덩이를 매달아.

이따금 궁금하다. 해저 바닥에 가라앉은 해와 소년의 안부와 자신의 시가 수장水葬당한 사실을 시인은 알고 있는지가.

알다가도
모를

 역사에 가정은 소용없는 일이지만, 소용없는 일이라도 가정해보는 것이 역사에 대한 예의일 때도 있다. 내가 역사에서 가장 많이 가정해보는 시기는 조선의 르네상스로 일컬어지는 정조 때인데, 정조가 학덕이 깊은데다 성정이 곧고 부왕의 비극을 겪으며 인생사에 쓴맛도 보았기 때문이다. 하지만 정조대의 역사를 들여다보면 그리 흔쾌하지 않은 것들이 있다. 하나는 고문古文에의 숭상이 깊어 연암 박지원 같은 자유정신으로 똘똘 뭉친 문사들에게 혹독하게 굴었다는 것이고, 다른 하나는 그토록 아꼈던 다산 정약용의 천주학에 대한 경도를 엄밀하게 따져 지혜로운 경영에 써먹지 못했다는 것이다. 이것이 조선말이 겪게 되는 지리멸렬의 작지 않은 까닭이라는 것이 좁은 내 소견인데, 역사란 모름지기 우주적 차원으로 움직이는 것이니 내 소견이야 티끌에 불과하다.

 무려 212구에 이르는 다산의 오언장시「여름날 술을 마시며夏日對酒(하일대주)」를 보면, 그가 술을 마실 수밖에 없는 이유들이 아프게 그려져 있다. 어린 자식이 열심히 글을 읽고 무술을 익히는 걸 본 어떤 아비가 "너는 낮은 족속이라 대장 수레 타는 걸 허락하지 않을 것"이라 핀잔을 주고 "법을 지켜 백성을 온화하게 다스리는 수령도, 엄하게 백성을 다스리는 수령, 꿈꾸지 마라"고 면박하자, 그 아이는 책과 활을 던져버린다. 그는 결국 허랑방탕하다가 늙어 촌구석에 묻혀버리는 신세가 된다. 그런가 하면 권세 있는 어느 가문의 사납고 교만한 아이를 보고는 어느 객이 "너의 관직은 하늘이 정해놓았으니 청관요직을 마음대로 할 수 있을 것인데 부질없이 힘들여 매일 글 읽는 일을 할 필요가 없다. 그저 편지 한 장 쓸 줄 알면 그만"이라 하는데, 아이는 그 길로 책과 활을 모두 던져버린 뒤 허랑방탕하지만 높은 벼슬을 차례로 밟아 오른다. 이 상반된 "두 집안 아이들을 생각하고 생각하니 애간장이 타들어 부어라 다시 또 술이나 마시자兩兒俱自暴(양아구자폭), 擧世無賢淑(거세무현숙), 深念焦肺肝(심념초폐간), 且飮杯中醱(차음배중록)" 하며 읊은 것이다.

귀는 얇디얇아 듣기 좋은 소리만 듣고, 주둥이는 빨라 하기 좋은 소리만 나불거리는 것이 세상의 인심이란 것 – 이 빤한 이치를 왜 히죽 웃고 말지를 못하는지, 참 알다가도 모를 일이다.

3부
저물녘에 읽은 신화

"지복(至福)은 덕을 갖춤으로써 얻어지는 보수가 아니라 덕 자체다. 우리는 쾌락을 억제하기 때문에 지복을 누리는 것이 아니라, 지복을 누리기 때문에 쾌락을 억제할 수 있다."

— 스피노자, 『에티카』, 제5부 「지성의 능력 또는 인간의 자유에 대하여」, 정리42

겐세이 정치학

 "말을 꼭 이렇게 해야 하나……?" 입만 떼었다면 '어록'을 쏟아 내는 정치인들을 볼 때마다 씁쓸한 웃음 끝에 비어져 나오는 혼잣말이다. 악명이 높아도 유명해지는 거라 노이즈마케팅이란 말까지 생겨났지만, 30년 넘도록 작가로 살아온 내겐 씨알이 먹힐 리 없는 얘기다. 맞춤법에 어긋나면 교정을 해야 하고, 앞뒤가 맞지 않으면 논리에 맞도록 고쳐야 하고, 표현이 상스러우면 순화해 쓸 수 있는 표현을 찾아야 하는 건 꼭 작가의 의무만은 아니다.

 어느 야당 국회의원이 상임위원회 발언 중에 '겐세이'라는 단어를 사용해서 입길에 오른 적이 있었다. 3·1절을 앞두고 있던 때라 더 그랬다. 예전 도지사 시절에 이미 그 말을 사용한 전력이 있던 야당 대표는 "겐세이를 쓰지 말아야 한다면 '미투'도 외국에서 들어온 말이니 '나도 당했다'로 바꿔야 한다"는 기괴한 주장을 펼쳤는데, 느닷없이 들고 나온 그의 '순우리말 사용론'이 타이즈를 양말바지라 하고 피시방을 기술봉사소라 하는, 그가 증오해 마지 않는 북한의 그것과 묘하게 통한다고 하면 어떻게 반응할지 궁금하다.

 일본어에서 '겐세이'라고 발음되는 단어는 일고여덟 개쯤 된다. 가령, 권세權勢도 겐세이고, 입헌정치를 뜻하는 헌정憲政도 겐

세이다. 검도의 달인을 지칭하는 검성劍聖 또한 겐세이라고 읽힌다. 그러나 문제의 겐세이(けんせい)는 "일정한 작용을 가함으로써 상대편이 지나치게 세력을 펴거나 자유롭게 행동하지 못하게 억누름"이라는 사전적 의미를 가진 '견제牽制'를 가리킨다. 문제의 국회의원은 "내가 가는 길을 왜 막아?"라는 볼멘소리를 '겐세이'라는 단어 하나에 일목요연하게 욱여넣은 것이다.

어떤 사람이 누군가의 가는 길을 막아설 때는 두 가지 이유가 있다. 하나는 "위험하니 가지 말라"는 것이고, 다른 하나는 "네가 잘 되는 걸 눈 뜨고 볼 수가 없다"는 것이다. 문제의 겐세이는 두말할 것 없이 후자다. 전자처럼 위험성을 미리 알려주는 건 '주의注意'라는, 일본어로도 '쥬이(ちゅうい)'라고 발음되는 말이다. 쥬이와 겐세이는 달라도 한참 다르다. 쥬이에 담긴 충고의 애틋함을 겐세이에서는 발견할 수 없거니와, 겐세이에는 비아냥과 어깃장과 시비와 훼방의 기운이 압도적이다. '겐세이'의 진짜 문제점은 여기에 있다.

겐세이를 무람없이 외치는 사람은 "너희들이 잘 되는 걸 도저히 눈 뜨고 볼 수 없다"는 못된 심보를 감추기는커녕 자랑이라도 하듯 드러낸다. 그 비아냥과 어깃장과 시비와 훼방의 태도는 치열하고 집요해, 사사건건 겐세이를 놓는 것이 그들의 지향이고 정체인 듯하다. 그 지향과 정체가 확연히 드러난 것은, 수년 전 세계를 놀라게 한 김정은과 트럼프의 5월 정상회담 소식이 전해졌을 때였다. 야당 국회의원들의 '겐세이 정치학'은 요지부동이었고, 마침내 "김대중이 노벨평화상을 받을 때 김정일은 핵전쟁을 준비했다. 지금 정권은 북핵이 폐기된 양 정치공작을 하고, 북한은 위장평화 쇼를 펼치고 있다"는 구태의연한 딴죽걸이로 속마음을 드러냈다. 이런 식의 겐세이가 만약 정치라면, 정치라서 수용해야 한다면, 전쟁만이 평화를 가져오는 유일한 길이라는 끔찍한 생각도 정치고, 간절하게 원하면 우주가 도와준다는 신비주의적 언설도 정치적 오지랖으로 품어야 한다.

말이 한낱 '소리'에 불과하다면 짖고 울고 으르렁거리는 짐승들과 구분하려고 인간에게 붙여놓은 호모로퀜스Homo loquens는 사치스럽기 그지없는 별명이다. 말[言]의 가치를 지키기 위해 노력하지 않는 한, 적어도 그는 '언어적 인간'일 수 없다.

영화라는
오락

 2018년 칸 영화제에 참가해 황금종려상 수상이 유력했지만 아쉽게 기술상과 국제비평가협회상에 그쳤던, 하지만 영화관계자들이 입을 모아 "대단한 작품"이라 상찬한 이창동 감독의 〈버닝〉을 보고 나서 몇 가지 감회를 SNS에 올렸을 때, 한 '친구'로부터 곤혹스런 메시지가 날아왔었다. 꽤 긴 메시지의 내용을 축약하면 "전문가들이 좋다고 하는 영화에는 왜 관객이 들지 않는가?"라는 것이었다. 내가 포스팅한 글에 댓글로 달지 않고 메시지로 보낸 것에 감사해야 할 만큼 난감한, 오랫동안 줄기차게 물어졌지만 명쾌하게 답하여지지 못했던, 답은 할 수 있으나 답을 하는 순간 뒤통수가 뜨끈해지는 이 질문에 나는 결국 답을 하지 못했다. "저도 모르겠습니다"라고 하기엔 나름대로 이유를 알고 있었고, 이유를 말하자면 꺼내야 할 '수준'이니 '눈'이니 하는 따위 민감한 단어들을 사용하고 싶지 않았기 때문이었다. 무엇보다, 그것들을 사용하지 않고선 내 뜻을 제대로 전달할 수 없을 것이기 때문이었다.

 2003년 강우석 감독의 〈실미도〉가 처음으로 천만 관객을 돌파하면서 영화업자들 사이에선 '천만 관객'이 마치 반드시 점령해야 할 성이나 고지인 것처럼, 거기에 다다르기만 하면 영화적 가치가 고스란히 담보되고 달성되는 듯 여겨져 왔다. 이후,

2017년의 〈택시운전사〉와 〈신과 함께〉가 동시에 천만을 넘어선 것까지, 천만 관객을 넘어선 영화가 스무 편이 넘는다. 이 중 〈아바타〉와 애니메이션 〈겨울왕국〉, 〈인터스텔라〉와 어벤저스 시리즈 두 편을 제외하고 나머지는 모두 우리나라 영화다. 2014년에 개봉한 〈명량〉은 무려 1,700만 명 이상이 보았다.

많은 관객들이 보았다는 게 좋은 영화를 의미하는 건 아니라는 얘기는 새삼 거론할 필요도 없다. 관객동원에 실패한 것 중에도 얼마든 좋은 영화가 있다는 얘기 또한 마찬가지다. 그러나 관객이 들지 않아 개봉하고 얼마 되지 않아 슬그머니 극장에서 사라진 영화들 가운데 천만 명 이상이 본 영화보다 객관적으로 더 좋은 영화가 있다면, 천만 명이 아니라 그 반에 반만 본다 해도 세상이 바뀔 수 있는 가치 있고 훌륭한 영화가 있다면, "왜 진짜 좋은 영화는 많은 관객들이 보지 않는 걸까?"라는 질문은 반드시 물어져야 할, 머리를 맞대고 답을 찾아야 할 의문이다. 그러나 우리는 이 의문에 적어도 "가치 있고 훌륭한 영화는 머리만 아프게 할 뿐, 재미라곤 없어서"라는 한 가지 답은 알고 있다. 그 어떤 덕목도 '재미'를 능가할 수 없는 지점 – 필연적으로 오락이어야 하는 영화의 한계와 지향이다.

영화는 태생적으로 오락의 산물이다. 영화로 지극한 '예술'을 했던 탁월한 영화작가들이 있었지만, 그들은 어디까지나 예외적 존재들이었다. 출발부터 영화는 철저하게 투자와 이윤이 지배하는 산업이었고, 멀티플렉스의 탄생으로 흥행 가능성이 있는 하나의 작품을 위해 수십 개의 영화들이 희생되어도 개의치 않는, 철저하게 산업화된 장르다. 이런 상황이라면, 세계 최고의 영화제에서 온갖 전문가들로부터 극찬을 받았어도 개봉한 지 보름이 지나도록 50만 명의 관객을 넘지 못하는 〈버닝〉 같은 영화는 극장에서 사라질 날을 기다려야 하는 운명에 놓인 '실패한 영화'에 불과한 것이다.

아주 잠깐 극장에 걸렸다가 사라진 좋은 영화는, 의외로, 무수하다. 개인적으로 우리나라 영화들 가운데 다섯 손가락 안에 꼽을 정도로 훌륭했지만, 영화진흥위원회의 집계에 따르면 고작 25,787명이 보았을 뿐인 영화가 있다. 임수정이 주연을 맡았던 이동은 감독의 〈당신의 부탁〉이다. 나는 이 영화가, 우리 사회가 안고 있는 가장 힘든 과제인 청소년 문제와 가족문제를 풀어내는 그 어떤 법안이나 제도보다 더 나은 효과를 가지고 있다는 생각을 감출 수 없다. 안타까운 건, 그리고 중요한 건, 이런 영화들이 적지 않다는 사실이 결코 '의외'가 아니라는 것이다. 내가 꼽는 한국영화 탑5의 나머지 네 개도 하나같이 관객동원에는

'실패'했다. 〈소수의견〉 383,582명, 〈4등〉 39,032명, 〈한공주〉 225,603명, 〈여배우는 오늘도〉 16,929명 – 모두가 우리 사회가 풀어야 할 문제들을 깊고 처절하게 다룬 영화다.

'오락'의 수준은 그 '사회'의 수준이기도 하다. "영화는 젊은이들로 하여금 제대로 된 어른의 이상과 목표의식을 형성하는 데 지대한 영향을 미칠 수 있는 오락이다." 20세기 초중반을 살았던 월트 디즈니의 이 말은 21세기에도 여전히 유효하다. 월트 디즈니의 후예들이 거의 모두 상업적 아이디어로 충만한 영화쟁이들이긴 하지만.

가난은 '그'의 책임이 아니다

 2020년까지 최저임금 1만 원을 달성하려던 약속을 지키기 힘들어진 문재인 대통령이 사과의 변을 토로하던 날, 서울의 한 원룸 화장실에서 24살 청년의 시신이 백골 상태로 발견되었다. 그로부터 사흘 뒤, 저소득층의 노동을 장려하기 위해 정부가 4조 원 가까운 자금을 지원한다는 내용이 실린 포털사이트에는 세계최대 전자상거래업체 '아마존'의 시가 총액이 1천조 원을 넘어섰다는 기사가 실렸고, 한국에까지 무료배송을 검토하고 있다는 내용이 링크돼 있었다.

 세상에는 두 종류의 인간들이 있다. 가난한 자들과 가난하다고 생각하는 자들. 우리가 알고 있는 부자들은 "아직 더 벌어야 해"라고 생각한다는 점에서 후자에 속하고, "이 정도면 부자야"라고 생각하는 꽤 많은 자들은 그들의 통장잔고가 실은 별거 아니라는 점에서 전자에 속한다. 이 논리를 받아들인다면, 세상에 부자는 없다. 존재하는 건 오직 부자를 지향하는 자들뿐이다. 그들 사이에 간간이, '자발적 가난'을 삶의 지표로 간직한 1% 미만의 가난한 사람들, 즉 '진짜 부자'들이 존재한다.
 거대한 영지와 수많은 소작농들을 거느린 대부호의 아들로 태어난 19세기 러시아 최고의 작가 중 한 사람이었던 이반 투르게네프는 부모가 죽기만을 기다리며 젊은 시절을 보냈다. 부모의 유산을 물려받기 위해서가 아니라, 온갖 수모를 견디며 살아가고 있던 농노와 소작농들에게 그 땅들을 모두 돌려주기 위해서였다. 그리고 그는 부모가 세상을 떠난 순간 그렇게 했다.

한국전쟁의 와중에 북에 남겨두고 온 아내와 6남매를 그리며 평생을 독신으로 살았던 장기려 박사는 치료비가 없어 병마에 시달리는 사람들을 위해 무료병원을 운영한 '바보 의사'였다. 그가 창설한 우리나라 최초의 의료협동조합 4층짜리 진료소엔 냉방시설이 완벽하게 갖추어져 있었지만 그의 집에는 수십 년이나 사용한 선풍기가 신음 소리를 내며 돌아가고 있었다.

진정으로 부유한 자가 되는 '자발적 가난'의 반대편에 절대 권력이 있다. 절대 권력은 절대적으로 부패한다는 말은 희언이 아니다. 하夏의 걸왕桀王은 고기로 산을 쌓고 포로 숲을 이룬 육산포림肉山脯林으로 나라를 망쳤고, 은殷의 주왕紂王은 술로 연못을 채우고 고기로 숲을 이룬 주지육림酒池肉林으로 자신의 왕조를 끝냈다. 이 추악한 전통은 4천 년이 흘러 한반도에까지 상륙해 29만 원밖에 없는 통장을 가지고도 온갖 호사를 누리는 기묘한 신공을 펼치거나, 멀쩡하게 흐르는 강들을 틀어막는 데 수십 조의 나랏돈을 쓰고도 훗날의 역사가 평가할 거라고 헛소리를 지껄이거나, 막역지우와 한통속이 되어 기업의 수장들에게 대놓고 손을 벌리다 감옥에 갇히는 신세가 된 나라님들로 유유히 전승되었다.

  부유와 가난을 가름하는 것은 '돈'이 아니라 '돈에 대한 생각'이다. 아파트 옥상마다 설치된 물탱크 하나에 가득 찬 물이면, 플라스틱 양동이를 양손에 든 채 낡은 슬리퍼를 끌고 먹을 물을 길으러 매일 아침 수십 킬로의 흙길을 오가는 아프리카의 어린아이들이 한 해 동안 먹을 수 있다. 이들의 삶을 열악하게 만든 것은 이들이 가난해서가 아니라 자신의 부를 나누어 가지려고 생각하지 않는 수많은 '부유한' 인간들의 이기심이다.

  지금의 세계는 단 한 사람도 굶지 않아도 될 만큼의 부를 가지고 있지만, 해마다 5세 미만의 아이들 중 1천만 명이 허기진 배를 끌어안고 죽어가고 있다. 바깥의 열기가 고스란히 밀려들어 선풍기가 온풍기가 되는 쪽방촌의 여름은 돈이 없어 연출된 가난의 풍경처럼 보이지만, 실은 소외의, 녹이 잔뜩 슬어 열리지 않는 우리들의 빈곤한 마음의 풍경이다. 돈밖에 모르는, 돈밖에 가진 것이 없어 가난하디 가난한, 처절하고 서글픈 우리의 마음이 만들어낸 풍경이다. 가난의 책임은 '그들'에게 있지 않다.

알 수 '있는' 사람의 마음

 새삼스런 일도 아니지만 늘 기이하게 여겨지는 것 중의 하나는, 사람에 대한 평가가 저마다 다르다는 사실이다. 누군가 상종 못 할 사람이라고 치를 떨며 말하는 '그 사람'을 누군가는 정의로운 사람이라 말하고, 누군가는 노회한 정치적 인간이라 말하고, 누군가는 어수룩하지만 착한 사람이라 말하고, 누군가는 자기 분수를 잘 아는 사람이라 말하고, 누군가는 고집이 세서 여간해선 양보를 하지 않지만 물러서야겠다 싶으면 재빨리 자리를 피하는 사람이라 말한다. 이런 다양한 인물평은 비교적 객관적으로 미추美醜를 판단할 수 있는 경우에도 적용이 되는데, 누가 봐도 잘 생긴 배우를 "미련하게 생겼다"거나 "밥맛없게 생겼다"거나 "똑똑하게는 보이지 않는다"는 식의 혹독한 평가가 내려지기도 하는 것이다. 그리고 이런 평가가 단지 그 배우의 '잘 생김'에 대한 시기나 질투에서 비롯된 것만이 아닌 경우, 사람의 안목이란 참으로 경이롭기까지 하다.

 한 사람에 대한 다양한 평가는 자기 자신을 진지하고 세심하게 살펴본 뒤에 솔직하게 평가를 내리게 한다면 비슷한 양상이 생겨날 것이다. 오늘은 정의로우나, 어제는 노회한 정치적 인간이었고, 그제는 누구도 상종 못 할 만큼 저열한 생각을 품었지만, 그끄제는 자기 분수를 잘 지키는 사람으로 살았다. 때로는 고집불통이었으나, 때로는 바보처럼 순하게 산다. 몇 년 전엔 천하의 악종이었으나, 몇 년 뒤엔 천사와도 같은 인간이 되어 있다.

세 살 때 가진 버릇을 여든에도 고칠 수 없는 게 사람이라지만, 천변만화의 세상사에 치이고 닳고 부대끼며 사는 동안 사람 또한 천 가지 만 가지로 변한다. 똥 누러 들어갈 때의 다급함은 똥을 누고 나온 뒤엔 흔적도 없이 사라지는 법이다. 가난할 때의 쓰라림이 부유해진 뒤에도 여전한 경우는 드물고, 고생할 때의 각오가 고생이 끝난 뒤에까지 이어지는 경우 또한 희귀한 법이다. 연애할 때의 애틋함은 결혼과 함께 스러지고, 어릴 적 동무와 나누었던 우정이 죽도록 변하지 않을 거라는 믿음은 너무 쉽게 배반당한다. 재야시절의 열렬했던 정의감이 '자리'를 꿰찬 뒤에까지 꾸준히 이어지는 정치인을 꼽으라면 한 손만으로도 가능하지 않던가.

반어反語의 묘미로 단연 으뜸인 책 『채근담』은 이 쓸쓸하고 비열한 진상의 근원을 예의 교묘한 반어로 드러내준다.

> 조용한 환경 속에서 조용한 마음을 가지는 것만으로는 진정한 평정이라 할 수 없다. 진정으로 조용한 평정은 격렬한 움직임 속에서도 조용한 마음을 얻는 것이다. 즐거운 곳에서 즐거운 마음을 가지는 것은 진정한 즐거움이 아니다. 진정한 즐거움이란 괴로움 속에 있으면서도 즐거움을 느낄 수 있는 것이다.

요컨대, 마음이다.

비바람에 흔들리고, 천둥에 놀라고, 보름달 빛에 푸근해지고, 가을볕에 풍요로워지는, 그 마음 – 세파에 시달리고, 일희─喜하고 일비─悲하는, 치욕스러웠다가 화들짝 웃는, 세상을 얻은 듯 거들먹이다가 세상이 꺼진 듯 우울의 나락으로 떨어지는. 이렇게 때 없이 흔들리고 놀라고 푸근해하는, 시달리고 기뻐하고 슬퍼하고 수치스러워하고 화들짝 웃는, 거들먹대다가 우울의 나락으로 곤두박질치는 마음 – 이것이라면, 이렇게 세상의 변화에 따라 변하는 마음이라면, 그것은 우리가 붙들어놓고 생사의 의미를 묻고 세상의 올바른 길을 탐구하는 길잡이로서의 '마음'은 될 수가 없다.

저 아득한 세월 전부터 목숨을 걸고 사람과 세상의 '길'을 물었던 사람들이 내려놓거나 간절히 매달렸던 '마음'은 이런 게 아니었다. 가난하고 어려울 때의 마음자리를 부유해졌을 때에도 잃지 않는 것, 절체절명의 위기에도 꿋꿋함과 정연함을 흩트리지 않는 것, 얇은 내 주머니를 털어 텅 빈 남의 주머니를 채워주려는 것, 귀에 거슬리는 말을 듣고도 거리낌을 품지 않고 오히려 그것으로 스스로를 다듬으려는 것 – 이것이 우리를 이루고, 이루어야 하는, '마음'의 본연이다. 어렵다고 내버릴 수 없고, 힘들다고 하지 않을 수 없는.

공부벌레
이야기

 법학은 법이 어떻게 정의를 실현해내는지를 배우는 학문이라고 믿은 적이 있었다. 길지는 않았지만 경영학 전공자였음에도 내가 한동안 사법고시에 몰두한 것은 그 때문이었다. 여기에는, 우습지만, 한 편의 텔레비전 드라마가 영향을 끼쳤다.

 1970~80년대에 젊은 시절을 보낸 사람이라면 〈하버드대학의 공부벌레〉를 기억할 것이다. 미국에서 무려 59부작으로 제작돼 인기리에 방영된 이 드라마의 원작은 존 오스본이라는 실제 하버드대 로스쿨 재학생이 쓴 『토끼사냥놀이Paper Chase』라는 소설이었다. 토끼사냥놀이는 토끼가 된 술래가 종이를 뿌리며 도망을 치고 그 종이를 추적해 잡아내는 일종의 술래잡기로, 학위를 따기 위해 기울인 로스쿨 학생들의 지난한 노력을 상징한다.

 하지만 드라마 속의 '하버드대 로스쿨'과 당시 한국의 '법대'는 달라도 한참이나 달랐다. 미국의 로스쿨은 법률가가 되기 위해 반드시 거쳐야 하는, 법률가로서의 지식과 철학, 심지어 인성까지 기르는 문자 그대로의 전당이었다. 그러나 이런 식의 로스쿨 자체가 존재하지 않았던 한국은 열심히 해서 사법고시에만 합격하면 재학 중에도 법률가가 될 수 있었다. 상황이 이러니 '법'을 '공부'하는 데 있어 두 나라는 매우 이질적이었다. 30년 동안 하버드 법대를 지키며 최근의 판례까지 들고 꿰는, 학생들 사이에선 악마와도 같은 존재였던 드라마 속 킹스필드 교수는 이런 이

질적 조건을 가장 극명하게 드러내는 인물이었다. 강의를 듣고 이해하는 것만으로도 식은땀을 흘리게 만드는 킹스필드 교수의 과목에서 A학점을 받는 것과 한국에서 사법시험을 통과하는 것 중에 어떤 게 더 어려울까를 두고, 참 쓸데없긴 했지만, 매우 치열하게 논쟁을 벌였던 기억이 새롭다.

하지만 법률가가 되기 위한 한 가지 조건만은 두 나라 사이에 전혀 차이가 없었다. 머리가 좋건 나쁘건 일단 '공부벌레'여야 한다는 것 – 책을 파먹는 벌레가 되지 않는 한 미국에서도 한국에서도 법률가가 되는 건 불가능했다. 네 시간을 자면 합격하고 다섯 시간을 자면 떨어진다는 사당오락四當五落에서 한 시간을 줄인 삼당사락三當四落의 신공, 의자에 하도 오래 앉아 있어 엉덩이가 짓무르다 딱지가 앉고 마침내 감각이 사라지는 경지, 외어지지 않는 부분은 찢어서 씹어 먹는 엽기 – 공부벌레가 처한 피할 수 없는 운명이었다.

고시공부를 하다 정신이 어찌어찌 돼서 골방에 처박힌 채 두문불출하거나 신발도 신지 않고 거리를 헤맨다는 불운한 고시생 얘기가 심심찮게 떠돌던 시절, '서울대 법대'는 사법고시에 관한 한 그야말로 '성공의 지름길'이었다. 재학 중이냐 졸업 후냐만 문제될 뿐, 서울대 법대는 그 자체로 곧 고시합격을 의미했다. 그 위상은 몇 해 전 장안의 화제를 불러 모은 〈스카이 캐슬〉이란 드라마에 등장한 '서울대 의대'와 다를 게 없었다. 하지만 그 이면엔 '공부만 잘하는 사람'에게서 보이는, '인격적 파탄'이라 할 만한 비인간성이 지뢰처럼 숨어 있었다. 악랄한 고문으로 애꿎은 사람을 간첩으로 조작해 목숨까지 탈취한 저 유명한 공안검사 K는 서울대 법대 재학 중에 사법고시를 패스한 '공부벌레'였다. 훗날 그는 중앙정보부 부장과 법무부 장관을 거쳐 마침내 국정농단의 주역으로 법의 심판대에 서면서 몰락의 길을 걷는다. 그는 분명 '서울대 법대'의 추악한 유산이었지만, 권력의 시녀가 되어 일신의 안위를 보장받은 수많은 '서울대 법대' 출신자들에겐 유능과 출세의 전범典範이었다. 그 25년 뒤, 역시 서울대 법대 재학 중에 사법시험을 패스한 또 다른 '공부벌레' K는 검사와 변호사를 거쳐 보수당 국회의원이 되어 '세월호'를 인양하지 말자거나 국회 안에 대한민국의 적이 있다는 주장을 펼치다 마침내 5·18민주화운동에 목숨을 걸고 참여한 열사들을 폄훼하는 발언으로 비난의 화살을 받았고 이듬해 치른 총선에서 낙선했다.

    법학은 법의 정의를 어떻게 실현해내는지를 배우는 학문이지만, 법의 정의를 어떻게 무너뜨리는지를 동시에 알게 해주는 학문이기도 하다. 세상에 이로운 벌레와 해로운 벌레가 있듯, 그가 만약 세상을 해롭게 만드는 '공부벌레'라면 분명 후자의 법학에 더 충실한 자일 것이다.

소설과
소설

 말의 왜곡이 심한 사회, 그 왜곡이 일상처럼 쓰이는 시대에 산다는 것은 끔찍한 일이다. 생각해보면 어느 시대 어느 사회인들 그렇지 않았을까 싶지만, 이런 통시적 판단조차 '지금·이곳'에서 벌어지는 말의 왜곡을, 그 끔찍함을 보상하진 못한다. 소설가가 아닌 사람들이 함부로 소설을 쓰고, 그 소설을 소설이라 함부로 지껄이고, 그 지껄임을 다시 소설이라 말하며 함부로 소설을 쓰지 말라고 고함을 지르고, 그 고함들을 고스란히 혹은 거기에 적당히 살을 보태 옮겨 적은 기사들이 소설의 정체를 바꿔놓는 이 끔찍한 시공에서 소설을 30년 넘게 쓰며 살아온 소설가가 느껴야 할 자괴와 회한은 마치 어디서부터 잘못된 것인지를 확정할 수 없는 상태에서 집행만을 기다리는 무고한 사형수의 그것과 유사하다.

 소설가가 쓴 소설을 한 번이라도 정성스럽게 읽은 자라면 소설이 아닌 것에 함부로 소설이란 말을 쓰지는 않을 것이다. 소설가가 쓴 소설을 통해 자신의 삶의 지평을 형성하고 그 지평의 확장을 경험한 자라면 상대를 공격하고 자신을 호도하기 위해 거짓을 지어내지도 않겠지만, 설사 지어냈다고 해도 거기에 함부로 소설이란 이름을 붙이진 않을 것이다. 소설가가 쓴 소설을 읽기 위해 한 번만이라도 밤을 새우고 그렇게 새운 밤의 시간들이 자신의 가슴에 별처럼 박히는 형언하기 힘든 뿌듯함을 가져

본 자라면 비틀린 수사와 지저분한 형용으로 얼룩진 언사를 감히 소설이라 부르진 않을 것이다.

 소설은 거짓말이 아니고, 거짓말은 소설이 아니다. 소설은 소설이고, 거짓말은 거짓말이다. 수학만큼이나 단순하고 명료한 이 논리가 설 곳이 '지금·이곳'에는 없다. '지금·이곳'은 비겁한 언어를 사용하면서도 비겁한 언어의 사용자가 아니라고 강변하는 자들로 넘치고, 치졸하게 조작된 언설을 지껄이면서도 치졸과 조작 대신 소설이란 단어를 상대의 등에 비수처럼 꽂는 자들이 범람하는, 언어의 소돔, 소설의 고모라다.

 '지금·이곳'에서 소설은 더 이상 소설로 존재하지 않는다. 하늘의 별들이 인간의 운명을 결정하던 시대에도 말의 순정을 좇아 자신의 삶을 소설에 헌신했던 사람들이 있었고, 첨단의 문명들이 초 단위로 명멸하는 우주의 시대에도 엄밀한 문장의 힘을 믿으며 소설로 밤을 지새우는 사람들이 있을 테지만, 그러나 '지금·이곳'을 압도하는 소설은 그런 소설이 아니다. 소설이 겪는 아픔과 비극이 이 시공만의 일은 아니지만, 이 시공에 존재하는 소설의 아픔과 비극은 지금 이곳의 일이므로 절절하다.

 괴테, 톨스토이, 도스토옙스키, 고리키, 고골, 플로베르, 발자크, 카뮈, 김유정, 장용학, 이청준, 최인훈, 조이스, 포크너, 스타인벡, 다자이 오사무, 루쉰…… 인간과 삶의 가치를 숭고한 언어로 깎고 다듬어 조심스럽게 내놓았던 이들의 문장과 하수구의 악취를 풍기는 독설과 포악, 추악과 이기로 무장한 더러운 언사를 어찌 같은 이름으로 불러야 한단 말인가.

성 불평등의 역사

역사를 거울에 비유하는 것은 당대를 역사라는 거울에 비추어 잘못된 곳을 바로잡으라는 뜻이다. 모든 훌륭한 언설들이 그렇듯 여기에도 간곡한 청원이 담겨 있다. 하지만 인류는 지나온 역사의 과오와 실패를 거울삼는 것에 인색했고, 그 과오와 실패가 단지 지나간 시간의 일이었음을 확정하는 데 바빴다. 그래서 대개는 과오와 실패의 역사를 반복하고 재현하며 또 다른 과오와 실패의 시간을 쌓아왔다. 변화는 더뎠고, 이기심과 나태와 보수적 심리는 번번이 그 변화를 주저앉혔다. 남녀차별의 역사 또한 예외가 아니다.

성별을 나타낼 때 생물학적으로 확연히 구별되는 '섹스sex'를 대신해 양성의 사회적 역할이 고정되어 있지 않고 그 사회의 의식이나 역사적 상황에 따라 변하는 것이라는 '젠더gender'가 귀에 익숙해진 건 그리 오래지 않은 일이다. UN이 주최한 세계여성대회에서 이 용어가 채택되고 사용이 권고된 것이 1995년이었다.

젠더란 말이 회자되기 시작했을 때, 귀에 설긴 했어도 그 어의가 버석거리진 않았다. 버석거리기는커녕 사회의 변화에 맞추어 제대로 가고 있다는 생각에 "그동안의 남녀문제가 급속도로 완화될" 거라는 낙관과 "남녀갈등도 곧 종식될" 거라는 행복한 예측이 가슴 한구석에 따뜻하게 자리했다. 하지만 지나간

20여 년의 시간은 그 낙관과 행복한 예측과는 다른 방향으로 흘러갔다. 남녀를 '사회적 성별'로 인식하는 것은 이미 오래전부터 그래왔던 양성평등론자나 페미니스트들의 일일 뿐, 남자와 여자 뒤에 '혐오'를 끌어다 붙여 남혐이니 여혐이니 하는 용어가 등장하고, 진지한 논의를 저열한 대립으로 뒤엎거나 볼썽사나운 희화로 논의 자체를 무화시키는 일이 일상처럼 벌어지는 게 현실이다.

  20세기가 끝나가던 때, 내가 사는 춘천에 여성민우회가 만들어졌다. 그 창립과정부터 참여한 아내는 이후 20년을 명색이 '여성운동가'로 살았다. 30대 후반이었던 '그'는 60고개에 이르렀다. 모태 '페미니스트'를 자처했던 내 안에 가부장적 의식이 아교처럼 들러붙어 있다는 걸 일깨워준 것도 '그'였다. '그의 투쟁'을 가까이에서 지켜보지 않았다면 아마도 나는, 가사를 흔쾌히 분담하는 걸로는 다 씻기지 않는, 귀 기울여 듣고 진지하게 의견을 교환하는 일만으로는 다 넘어서지지 않는 그 무엇의 실체를, 자유와 평등이란 보편적 가치가 생물학적 성별의 다름 앞에서 얼마나 허무하게 무너질 수 있는지를 제대로 알지 못했을 것이다.

  생물학적 차이가 곧 '한계'가 되고, "남자의 수명은 여자에게 달려 있다"는 식의 인식과 "미투 무서워 미리 펜스를 친다"는 말로 저열한 성의식을 호도하는 것이 '수컷'의 정체를 형성한다면, 성의 평등은 결코 가능한 일이 아니다. 남녀평등의 역사는, 이렇게, 제자리걸음을 하거나 뒷걸음질을 치고 있다.

병역,
면제와 기피 사이

군인 – 대부분은 남자였고 한시적이었지만, 인류의 역사를 통털어 가장 많은 수의 인간들이 종사했던 '직업'이다. 인류의 역사는 곧 전쟁의 역사였고, 그 전쟁의 역사에 동원된 자들은 시대와 장소에 예외가 없었다. 때로는 소명의식을 가지고 자원을 하거나 돈벌이의 수단으로 뛰어든 경우도 있었지만, 억지로 전장으로 끌려가거나 언제든 끌려갈 준비를 하고 있던 게 대부분이었다. 그 배경에는 정의나 애국심 같은 거역하기 힘든 '명분'이 방울뱀처럼 꼿꼿이 머리를 세우고 있었고, 그것으로부터 고개를 돌리는 순간 달려드는 혹독한 '처벌'은 진짜 방울뱀의 공격만큼이나 치명적이었다.

역사를 거슬러 오르면 곤혹스런 사실과 마주친다.

아직 성인이라 하기 힘든 열여섯 청소년부터 환갑에 이른 노인에게까지 지워졌던, 신체 건강한 남자들이라면 누구도 피해갈 수 없었던 '군인이 되어야 할 의무'는 고대에서 근대 이전까지 시대를 막론했다. 문제는 '반드시 짊어져야 하는 의무'로서의 병역兵役 혹은 군역軍役에 예외가 존재했다는 것이다. 최하층의 천민이나 노예에게 이 의무를 면제해준 건 군대의 '질'과 관련돼 있으리라 추정할 수 있지만, 양반 같은 계급의 상층부, 관원이나 공신의 자손에게까지 병역을 면해준 데는 합리적 이유를 찾기 힘들다. 합리적이기는커녕 "부와 권력과 명성을 가진 귀족이 더 큰 의무감을 가져야 한다"는 이른바 '노블레스 오블리주'에 입각하자면 이런 식의 면제 행위는 도덕적 파탄에 다름없는 일이었다. 왜구의 침략으로 나라 전체가 전란의 위기에 빠졌을 때 국경까지 도망친 선조宣祖와 장수의 옷을 입고 나라 곳곳을 돌아다니며 의병을 독려했던 그의 아들 광해군光海君이 선명하게 갈리는 지점도 이곳이다. 군주의 자격을 상실한 아비와 그 아비의 책무까지 견디며 살았던 왕자 – 이 막장드라마의 귀결은 인간과 권력의 씁쓸한 전범으로 역사의 한 페이지를 장식한다.

더 이상 계급이 – 적어도 표면적으로는 – 존재하지 않는 지금 우리의 사정도, 미안하지만, 전혀 낫다 할 수 없다. 정부수립 이후 국회의원으로 대표되는 남자 정치인들의 병역면제자 비율은 일반인들의 그것과 비교할 수 없을 정도로 높다. 이름만 대면 금방 알 수 있는 사람들, 그들의 자식들을 국방의 의무로부터 풀려나게 해준 이유들을 들추어내면 '노블레스 오블리주'는커녕 허겁지겁 도망질에 바빴던 위정자의 몰골이 선연해진다. 인터넷 검색창에 '사회고위층 군 면제자'를 입력했을 때 나타나는 이름들을 확인하며 일어나는 분노는 결국 참담한 자괴와 열패로 환원한다. 군인으로 복무한 것이 전혀 자랑스럽지가 않다는 것, 병역의 의무를 다한 건 쥐뿔도 가진 게 없기 때문이라는 것, 애국심이니 정의니 평화니 하는 저열한 속임수 프레임에 갇혀 아까운 청춘의 몇 년을 날려버렸다는 것 – 아무리 벗어나려 해도 잘 벗어나지지 않는 '상대적 박탈'의 덫이다.

  멀쩡한 치아를 뽑고, 소변에 자신의 피를 섞고, 정신질환을 앓았거나 습관적으로 어깨뼈가 빠진다는 가짜 진단서를 끊고, 커피가루를 마신 뒤 괄약근을 조여 순간적으로 혈압을 높이는 추잡한 짓에 그치지 않고 아예 남의 나라 국적을 취득해 '합법적'으로 병역제외자가 되는 '건강한' 젊은 남자의 수가 한 해 5천 명이 넘으며 그 대부분이 서울 강남, 서초, 송파 3개 구에 집중돼 있다는 사실은 지금 한국의 도덕성이 어느 정도인지를 일깨운다.

유럽의
강들로부터

국토의 70%가 산 하나 보이지 않는 평원으로 이루어진 폴란드에 유일한 산악지대인 남부 베스키디 산맥에서 발원해 1,047㎞ 폴란드 전역을 구불구불 휘도는 비스와Wisła, 체코와 폴란드의 국경 인근에서 발원해 하펠강과 합류해 티겔호로 흘러들기까지 398km를 도도히 흐르는 슈프레Spree, 스위스의 알프스 산지에서 발원해 독일을 비롯해 여섯 개 나라를 지나며 곳곳에 상공업으로 유명한 도시들을 만들어낸 전장 1,320㎞의 라인Rhine, 라인강의 오른쪽 지류로 아기자기한 설화들을 품은 채 독일 서남부 367㎞를 흐르는 네카어Neckar, 피히텔 산맥에서 발원한 '하얀weißer=white' 마인과 프랑켄 산맥의 동쪽 경사면에서 발원한 '붉은roter=red' 마인이 하나로 모여 574㎞를 내달리는 마인Main, 더 설명할 필요는 없지만 '세느'라고 해야 운치가 살아나는 센Seine, '몰다우Moldau'라는 독일어식 이름으로 부르면 소설가 프란츠 카프카가 쓰윽 걸어 나올 것 같은 블타바Vltava, 그리고 독일 슈바르츠벨트 삼림지대의 동쪽사면 조그만 샘 두 곳에서 퐁퐁 솟아나 헤아릴 수 없는 마을과 도시와 국가를 지나며 루마니아 동부해안을 통해 흑해로 흘러들어 유장한 역사를 끝내는 전장 2,860㎞의 도나우Donau – 폴란드의 바르샤바, 독일의 베를린, 만하임, 하이델베르크, 프랑크푸르트, 프랑스의 파리, 체코의 프라하, 오스트리아의 비엔나와 슬로바키아의 브라티슬라바, 그리고 헝가리의 부다페스트까지 - 2019년 8월 중순에서 11월 초순까지, 마치 강이 없으면 존재할 수 없을 것 같은 유럽의 주요 도시들에 꽤 오래 머무르거나 잠깐 스쳐가며 만났던, 기슭을 걷다가 뚝방의 풀밭이나 돌계단, 혹은 낡은 벤치에 앉아 그 자태를 하염없이 바라보게 만들었던, 꽤 여럿은 맑기는커녕 탁하기 이를 데 없고 그다지 넓지도 않았으나 어느 하나 예외 없이 까닭 모를 감회에 젖게 하고 끝 모를 깊이로 생각을 가라앉혀 그 생각 속으로 마냥 빠져들게 하다 마침내 생각 자체를 무화와 무위의 모래알로 흩어버린, 강들의 이름이다.

   당연히, 그 막막히 흐르는 강들 위로 이제껏 내가 겪은 강들이, 그러니까 대개는 한국의 강들이, 겹쳐 흘렀다. 그들이 어떻게 같고 다른가를 가늠하지 않으려 애쓴 보람도 없이, 이국의 정취에 취한 한낱 여행자의 눈이라 애써 강변했지만, 낯선 땅에서 처음으로 만난 그 강들은 참, 그랬다. 모름지기 강이란, 거대한 물길이면 그럴수록, 어찌 다르겠는가. 한강이든 도나우든, 어디 작은 샘에서 솟아나 상류의 맑고 투명한 본성을 서서히 잃으며 비대해지는, 그러다 인간들의 손길에 몸을 내맡긴 채 뜯기고 흐려지고 낡고, 그렇게 무심해지는, 그런 존재이지 않는가. 그런데, 그럼에도 불구하고, 희한하게도 그게 그렇지가 않게 느껴졌다. 달라 보였다. 정확히 말하자면, 달라 보여야 한다고 떼를 썼다.

유럽의 도시들에서 만난 강들 위에 놓인 다리들의 우아와 화려에 넋을 놓거나 그 역사의 장구와 기묘한 스토리텔링에 감탄하는 순간, 내 기억 속의 강들은 그저 크기만 할 뿐 시멘트나 철 덩어리에 불과한, 그래서 우아와 화려와 장구한 역사와 기묘한 스토리텔링 따위를 단번에 쓸어버린 '경제'라는 단어와 그 위에 공고히 세워진 무미와 건조밖에 남지 않았다. 소름이 끼쳤다. 놀랍게도, 그리고 슬프게도, 무미하고 건조한 다리 위엔 사람들이 아예 없거나 뭉텅이로 빠져 있었다. 사람들이 건너가고 건너오는 다리가 아니라 그 사람들을 실어 나르는 수송수단들이 건너가고 건너올 뿐인 다리 – 그래서 강을 건너가고 오면서도 사람들이 호흡하는 것은 강바람이 아니라 수송수단에 갇힌 공기들일 뿐인, 그렇게 '경제'와 그것이 부여한 '편리'에 속절없이 종속되어버린 냉혹한 삶만이 스산하게 존재하는 강 – 그런 생각을 털어내려 개가 물을 털어내듯 고개를 세차게 흔들어봤지만, 한 번 욱여넣어진 강에 대한 설익은 '이념'은 쉽게 빠져나오질 않았다. 그리고, 미련처럼, 물었다.

"우리는 어디서 와서, 어디로 가는가?"

비스와에서 도나우까지, 그 강들의 기슭을 느릿느릿 걷다가 뚝방과 돌계단과 빈 벤치에 앉아 물길을 바라보다 마침내 다다른 생각의 끝에는, 오직 그것, 많은 사람들이 물었으나 명쾌하게 답이 내려진 적 없는 그 질문 하나만이 남았다.

파리에 머물 때, 떨어진 거리가 500미터 남짓에 불과하지만 북역Gare du Nord과 동역Gare de l'Est이라는 이름으로 갈리는 두 역 사이에 숙소가 있었는데, 위치가 참 그럴듯해서 파리에 가면 꼭 봐야 한다는, 보지 않으면 파리를 간 게 아니라는, 몽마르트니 루브르니 노틀담 성당이니, 심지어 개선문과 에펠탑까지도, 마음만 먹으면 걸어서 갈 수 있었다. 그리고 그곳들을 정말, 온통, 걸어서 다녔다. 몽마르트를 제외하고 나머지 대부분의 '가봐야 할 곳'들은 파리를 관통하는 센 강 주변에 있었으니, 결국 내가 이레 동안 걸어간 것은 모두 센 강이었다고 해도 과장이 아니다.

그렇게 걷고 또 걷는 동안 내 발바닥과 친해진 파리는 어느 순간 마치 뿌리를 내리듯, 혹은 덩굴이 타고 오르듯, 나와 하나가 되어 있다는 느낌이 들었는데, 때마침 미라보 다리가, 열 몇 살 어린 시절 뭣도 모르면서 괜히 미간을 좁힌 채 외고 또 외던 아폴리네르의 시 속 그 다리가, 툭 던져놓은 듯 눈앞에 있었다. "미라보 다리 아래 세느 강은 흐르고, 우리들 사랑도 흐른다, 그러니 그대 마음 깊이 새기라, 기쁨은 언제나 괴로움에 이어온다는 것을." 완벽을 추구했던 결벽한 시인의 그, 기억의 창고 속 켜켜이 먼지를 쓰고 있던 시가 밀려나온 건 당연한 일이었으나, 또한 지나간 시간들이 모진 운명처럼 비수가 되어 옆구리를 찔러왔다. 아픔을 짓

누르며 슬그머니 뒤편으로 고개를 돌리니 아스라이 솟은 에펠탑의 정수리가, 구름 한 점 없이 새파란 하늘을 찌르듯 선 채로 감상에 젖은 이방인을 내려다보고 있었다. 그때에 어설픈 연애영화의 배경음악처럼, 센 강의 물결소리 찰싹였다.

체코에서 기차를 타고 오스트리아의 비엔나로 들어가본 사람이면 비엔나의 초입에서 문득 생각하지 않았을까. 독일과 오스트리아, 슬로바키아, 헝가리, 세르비아, 불가리아, 루마니아에, 무려 러시아까지 걸쳐 흐르는 그 강이 왜 하필이면 오스트리아의 음악가에 의해 "아름답고 푸른"이란 형용과 함께 수려한 왈츠로 그려졌는지를. 프라하를 떠난 지 네 시간, 비엔나의 평화로운 교외지역을 달리던 기차의 바퀴가 공명을 가득 품은 소리로 바뀔 즈음, 도나우는 기다렸다는 듯 장대하게 펼쳐진다. 그때 요한 스트라우스를 기억 속에서 꺼내는 건 일종의 예의에 해당하지만, 사실 그건, 스트라우스가 우리들 기억 속에서 걸어 나온 거라고 해야 옳다. 그런데 이 당연한 환기를 물리적으로 경험하는 일은, 비엔나에선, 다양하고도 손쉬운 일이다. 그 가운데 아마도 가장 흔하고 용이한 방법은 관광안내책자나 비엔나에 왔었던 사람들의 블로그 어디에나 나오는 '도나우 전망대'에 오르는 것이다. 그런데 이건, 자칫, 말 그대로의 '관광'에 불과할지 모른다. 스트라우스의 그 도나우에 가장 가까이 가닿는 것은, 오히려 전망대로 가기 위해 전철 U1을 타고 가다 전망대에 닿기 직전의 정거장에서, 그러니까 강상의 철교 위에 세워진 도나우인젤Donauinsel=Danube Island 역에서 재빨리 내리는 것이다. 이 역에서 전철을 내리면 도나우는 불과 열 걸음도 되지 않은 곳에 있다! 거기서 어디로 갈 것인지는, 오직 내린 자의 결정에 달려 있을 뿐이다. 어디로 가든 도나우에 닿아 있으니. 만약 마음을 다져먹고 지쳐 쓰러질 때까지 걷겠다고 하면, 어쩌면, 다음 날 오후쯤 슬로바키아의 브라티슬라바에 닿을 수도 있다! (비엔나에서 브라티슬라바까지는, 두 나라의 수도간 거리가 가장 가까운 것으로 기네스북에 올라 있을 정도로 가까워, 기차로 한 시간 거리에 불과하다.) 그런데 참 우스우면서도 소름 끼치는 일은, 그 도나우를 부다페스트에서 만나는 일이다. 이 감회를 다 적는 건 확실히 무리다. 과장을 좀 보태자면, 적어도 중편소설쯤은 되어야 가능할 일!

87일의 유럽 체류 기간 중에 지켜본 강들 중에서 딱 하나만을 꼽으라 하면 나로선 그다지 주저할 일은 없다. 가장 오래 머물면서 가장 많이 찾아간 것 때문이겠지만, 꼭 그 이유만은 아닌 이유들로, 나는 폴란드의 비스와 강을 꼽을 수밖에 없다. 그건, 일정 부분, 부채負債처럼 – 한강에 지고 있는 그, 아스라한 부채감이란! – 비스와 강이 안고 있는 희로애락의 언어들 때문이다.

비스와 강은 바르샤바의 영광과 비극을, 환희와 절망을, 그리고 지금의 경이로운 부활을 묵묵히 지켜본 가장 생생한 증인이다. 나치의 점령하에 온갖 고통을 감내하고 있던 바르샤바 시민들이 1944년 8월 1일 급습을 시작한 바르샤바봉기Warszawa Uprising는 딱 두 달 만에 진압되고 이후 나치는 그 보복으로 바르샤바를 철저하게, 처절하게 초토화시켜버린다. 바르샤바봉기를 기념한 '봉기박물관'에서 3D로 재현된 당시의 바르샤바를 보았을 때, 나는 눈물조차 나지 않았다. 온전한 건물이 단 하나도 남지 않은, 시민들의 주택은 물론 95%가 가톨릭교도여서 헤아릴 수 없이 존재했던 성당들조차 성하게 남은 것 하나 없는 바르샤바의 모습은, 인간이 어디까지 잔혹해질 수 있는지를 또렷하게 보여주었다. 그 폐허의, 지옥도의 한가운데를 비스와 강이 흘렀고, 옛 사진과 그림을 바탕으로 고스란히 재현해낸 바르샤바 시민들의 피와 땀을 품은 채 지금도 흐르고 있다.

개인적으로 내게 비스와 강은 '바르샤바 사람'으로 석 달가량을 살면서 누려온 큰 즐거움의 하나였다. 우연하게도 에어비앤비로 얻은 아파트가 그 강으로부터 불과 1킬로미터 남짓밖에 떨어져 있지 않아 언제든 강바람을 쐬러 갈 수 있었던 것은 적지 않은 행운이었다. 사실 그리 가까이 있지 않았어도 바르샤바는 (사실 유럽 대부분의 도시들이 그렇지만) 지하철과 트램과 버스의 연계가 그야말로 물 흐르듯 되어 있어서 강에 닿는 데 그리 오랜 시간이 걸리지 않는다. 금요일 오후의 비스와 강변은 아이들과 함께 나온 가족들로, 노부부들로, 이런저런 악기들을 가지고 나온 버스킹 뮤지션들로, 근육질의 탄탄한 몸매를 자랑하는 사람들로, 가득하다. 그 사이를 걸어가는 일은 강이 어떻게 사람들과 함께할 수 있는지를 확인하게 해준다.

강과 사람들의 요란한 동거는 주말을 거쳐 휴일까지 이어지고, 거짓말처럼 조용하고 한적해진 평일의 비스와 강은 마치 휴식을 취하듯 유유히 흐른다. 휴식에 들어간 강은 달리기를 하거나 걷는 사람들, 데이트를 나온 연인들, 나처럼 참 하릴없이 여유로운 자들을 은은하게 바라본다. 평일의 한적함과 주말과 휴일의 북적임은 마치 한 사람의 양쪽 손처럼, 서로의 존재를 모르게 한다고 몰라질 수 없는 관계를 이룬다. 이 관계만큼 강의 본연을 잘 설명할 수 있는 단어는 없을 듯싶다.

강은 사람과 떨어져 있어선 안 되지만, 그럴 수도 없는 일이다. 그런데도 만약 그렇다면, 그건, 오직, 사람의 과오다. '철학자의 길'을 오르며 내려다보았던 하이델베르크의 고풍한 풍경과 그 한가운데를 흐르는 네카어 강을 보았을 때, 천둥처럼 들려왔던 괴테의 언명도, 그랬었다.

"가장 보기 힘든 것은 그대 눈앞에 있는 것."

인간의
조건

 세상에는 두 종류의 '좋은 사람'이 있다. 남들이 좋은 사람이라고 인정하는 '좋은 사람'과 남들의 인정과는 상관없이 스스로 좋은 사람이라고 확신하는 '좋은 사람'. 둘 모두 진짜 '좋은 사람'이 아닐 가능성은 상존한다. '진짜'라는 수식어에 값할 만한 '좋은 사람'은, 두 상황을 교묘히 거스른다. 진짜 좋은 사람은 '좋은 사람'이라는 남들의 인정을 부끄럽다 못해 수치스럽게 여기며, '좋은'이란 수식어는 물론 그 반대편의 '나쁜'이란 말을 끌어다 자신을 반어적으로 수식하는 용어로 사용하지도 않는다. 그는 호불호의 감정에 얽히지 않기 위해 입을 다물거나 몸을 숨기는 일이 잦아 오히려 똑똑지 못한 사람으로 취급을 받거나 심지어 비겁한 사람으로 몰리기도 한다.
 이 쓸쓸한 이분법은 기실 '사람' 앞에 붙일 수 있는 거의 모든 수식어를 공유한다. 훌륭한, 착한, 멋진, 부드러운, 뛰어난, 똑똑한, 박식한, 천재적인, 같은. 수식어만이 아니다. '사람' 대신 어떤 지칭어를 붙여도 마찬가지다. 예술가, 학자, 법조인, 정치인, 언론인, 교사, 학생, 운동선수, 연예인, 기업가, 같은. 남들로부터 훌륭하다는 소리를 듣거나 스스로 훌륭하다고 생각하지만 훌륭함의 실질과는 전혀 다른 자, 남들로부터 똑똑하다는 소리를 듣거나 스스로 똑똑하다고 생각하지만 실체적 똑똑함과는 먼 거리에 있는 자, 남들로부터 천재라는 소리를 듣거나 스스로 천재를 자부하지만 천재는커녕 아둔의 극한을 달리는 자 – 세상에서 이들을 만나는 건 그다지 어려운 일이 아니다.

세상에는 '지식인'이라 불리는 자들이 존재한다. 지적 노동에 종사하는 사람, 혹은 지식이나 학문, 교양을 갖춘 사람. 사전에서 '지식인'을 찾았을 때 나오는 개념이다. 지식인의 연원을 찾아 백 년 이전으로 훌쩍 올라가면 '좌파'라는 수식어가 붙는 자들과 만나게 된다. 러시아혁명(1917)이 일어나기 이전의, 흔히 '인텔리겐차'라 불리던, 혁명적 성향을 지닌 지식인들. 굳이 이런 사전적·역사적 개념에 기대지 않더라도 지식, 학문, 교양이란 어휘는 보수보다는 진보에, 수구적 성향보다는 개혁적 성향에 더 근사하다. 변화에 민감하지 않은 지식, 더 나은 세계를 추구하지 못하는 학문, 열린 사고에의 종사를 거부하는 교양은 그 자체로 살아 있는 지식, 학문, 교양일 수 없기 때문이다. 살아 있지 못하니 그것들은 죽은 것이고, 인류의 진보에 기여할 수 없다.

'지식인'에게도 앞서 언급한 씁쓸한 이분법은 고스란히 적용된다. 사전을 들추었을 때 나오는 개념에 어긋남이 없어 누구나 '지식인'이라 불러주는 자들이 부지기수지만, 기실 지식인의 실체와 실질로부터 너무 먼 거리에 놓인 자들이 그렇게 불리는 경우가 상상 이상으로 허다하다. 그들의 지식은 한곳에 치우쳐 있기 일쑤고, 그들의 학문은 아집이라 불려야 마땅할 만큼 고리타분

하며, 그들의 양심은 양심이라 부를 수 없을 정도로 구린내를 풍긴다. 하지만 세상은 그들㉮을 '진짜'로 만들기 위해 안달 이상의 노력을 기울인다. 때에 따라 말을 바꾸는 그들의 솜씨는 그들을 뛰어난 재담가로 만들고, 틀렸음이 증명되었을 때조차 과오를 인정하지 않는 후안무치는 그들을 지조 있는 자로 만들며, 나라의 안위보다 사적 욕망에 충실한 그들의 국가관은 그들을 인민의 행복을 위해 투쟁하고 헌신하는 자로 산화하게 만든다.

　북 치고 장구 치는 자가발전이 미덕인 SNS 만능의 시대, 모든 '쓸 만한 인간'은 하나같이 연예인이거나 연예인화된 인간이고야 마는 시대 – '인간'은, 점점, 경박과 천박 사이를 오가는 '조건'들로 규정되어가고 있다. 경박하고 천박한 내 개인적 생각이다.

의료사회주의

'코로나정국'이라는 말도 기가 찬데, 대체 언제 끝날지 모른 채 롤러코스터를 탄 듯 등락을 반복하다가 마침내 어디까지 오를지 모르는 위세로 치고 오르는 중이다.

코로나 첫해가 반을 넘긴 여름, 한풀 꺾이는가 싶던 코로나19의 위세를 안타까워하던 '무리'들이 대규모집회를 열어 드라마틱하게 반등시킨 마당에 때아닌 '의대생 증원과 의사협 총파업'이 겹쳐져 뒤숭숭하던 무렵, 「의사가 먼저 찾아갑니다, 지금」이라는 한 언론사의 특집기사가 눈길을 끌었다. 코로나19와 관련해 쿠바의 공공의료를 다룬 것이었는데, 가슴을 치는 내용이라 그랬는지 내리 세 번을 읽었더랬다. 처음엔 놀랐고, 다음엔 부러웠고, 마지막엔 화가 났다. 놀라움과 부러움과 화는, 사실, 기사를 읽는 내내 수시로, 번갈아가며 일어난 감정들이었다. 손소독제조차 변변히 없는 쿠바의 열악한 상황에 놀라고, 그것을 극복해내는 그들의 지혜가 부럽고, 그즈음에 벌어진 '우리 의사'들의 단체행동이 겹쳐지며 화가 나는 식으로.

"공공의료의 나라 쿠바에선 의대생들이 매일 주민을 찾아가 아침 인사를 한다. 건강 상태를 확인하러 온 것이다"로 시작해 "오랜 경제봉쇄로 의료품은 만성적으로 부족하고 개인정보가 전산화되지 않아 디지털 방역을 하기도 어려운 쿠바로선, 그나마 풍부한 의료 인력에다 의대생을 더해 '인해전술'을 펼치는 것이 가장 현실적인 방역 수단일지 모른다. 한 명 한 명의 건강 변화를 일상적으로 점검하면서 감염 징후를 가급적 빨리 파악하는 것 – 이것이 현재 쿠바가 코로나19와 싸우는 방법"이라는 대목을 지나 "주치의는 마을 주민들의 건강 정보를 주민이 태어나서 죽을 때까지 갱신, 축적한다. 만약, 주민이 코로나19에 감염돼 '특별 격리시설'로 옮겨지더라도, 주치의는 이송과 치료 과정 전반에 개입하며 상급기관 의료진과 정보를 공유한다"는 데 이르면 놀라움도, 부러움도, 치미는 화도 무의미해진다. 우리가 가지려 해도 가질 수 없는, 하려 해도 할 수 없는 영역이기 때문이다. 가지려고도 않고 하려고도 않는다는 점에서, 우리에겐 그저 '강 건너 불구경'에 불과한 일이다.

쿠바의 공공의료 기사를 읽다가 영국의 대표적인 좌파 영화감독 켄 로치의 〈1945년의 시대정신The spirit of 1945〉이 겹쳐졌다. 2013년에 만들어진 〈1945년의 시대정신〉은 우리의 사회교과서에서도 만날 수 있는 "요람에서 무덤까지"라는, 지상낙원과도 같은 사회복지의 천국을 보여주는 다큐멘터리다. 상상에서나 가능한 이 '천국'이 실제로, 그것도 30여 년이나 지속되었다는 사실을 눈으로 확인하는 일은 '사회주의'를 곧 '빨갱이'로 치환해 버리는 정치적 잣대가 얼마나 저열한 것인지를 강렬하게 인식시켜준다. 이것이 구현된 나라가 구소련이나 동구의 공산주의 국가가 아니라 자유민주주의를 대표하는 영국이었기 때문이다. 흔히 사민주의社民主義로 불리는 사회민주주의가 영국과 독일, 프랑스, 북유럽의 주요한 정치사회적 근간이란 사실은 상식에 속하지만, 켄 로치의 흑백화면에 드러나는, 제2차 세계대전으로 초토화된 1945년에 노동당이 집권하며 펼쳐내기 시작한 놀라운 '천국의 지형도'는 인간이 결코 이기적 존재이지만은 않다는 희망과 정치세력이 내거는 "국가와 국민을 위해"라는 슬로건이 헛된 공약에 그치지 않을 때 어떤 기적과도 같은 일이 일어날 수 있는지를 논픽션으로 재현한다.

공공의료, 혹은 무상의료 내지 최소 의료비 부담을 통해 의료 혜택의 사각지대를 없애는 것은 사회민주주의에서 구현되는 의료 시스템의 핵심에 해당한다. 이것과 가장 극단에 있는, 코로나19 사태로 '참상'이 드러난 미국의 경우, 공적의료보험이 환자를 보호해줄 수 있는 영역이 매우 적다는 것은 잘 알려진 사실이다. 공적보험과 사적보험의 비율이 3:7이라는 미국에서 환자가 환자로서의 권리를 누리기 위해서는 높은 보험료를 부담할 수 있는 안정된 직장인이 되는 길밖에 없다. 아니면 '금수저'를 물고 태어나거나.

의료보험 시스템을 '고비용 저효율'이라는 말로 정리하거나 "아픈 치아를 집에서 뽑고, 찢어진 상처를 친구가 와서 낚싯바

늘로 꿰매주었다"는 식의 엽기적 사례가 회자되는 현재 미국의 의료상황은 코로나19가 어떻게 휩쓸고 지나갔는지, 여전히 휩쓸고 지나가고 있는지가 고스란히 대변한다. (이 원고를 쓰고 있는 현재) 미국은 전 세계 확진자 4억 2,300만 명 가운데 1/5에 해당하는 8천만 명, 사망자 588만 명 가운데 94만 명을 기록하고 있다. 미국에서 코로나19 초기 진단비용이 907달러(약 1백만 원)라거나, 확진 이후 발병이 되었을 때 소요되는 최종 치료비용이 3만 5천 달러(약 4천만 원)에 이른다는 얘기가 악의적인 헛소문이 아니라면, 이 역시 의료체계의 난맥상과 무관할 리 없다.

  공공의료 개념을 기반으로 한 쿠바와 민영의료를 기본으로 한 미국 – 과거에도 그랬고 지금도 여전히 유지되고 있는 두 국가 사이의 판이한 다름은 의료에 대한 우리의 관점과 지향에 시사하는 바가 적지 않다. 포스트코로나 시대에 '공공의료'만이 답일 수는 없겠으나, 왠지 이 답이 선택지에서 빠져나가고 있다는 불길한 느낌이 드는 이즈음, 미래 우리의 의사들에 대한 불신과 이 까닭모를 불길함은 또 무슨 끈끈한 관계일까? 궁금함은 불안과 의혹으로, 덧없이 치닫는다.

『벽암록』 읽는 시간

아무리 감동받은 책이라도 다시 펼쳐보는 건 드물다. 그런데 어떤 책은 다시 펼쳐보는 건 물론 아무 때나 펼쳐보게 되고, 또한 아무 곳이나 펼쳐보게 된다. 이런 유의 책은 대부분 철학이나 종교와 관련이 있고, 경전일 가능성이 높다. 혹은 거기에 버금가는 문학서적일 경우도 있겠으나, 교묘하고 절묘한데다 심오하면서도 정곡을 찌르는 뭔가가 들어 있게 마련이다. 이런 요소들을 모두 담고 있는 책은 당연히 드물고, 드물어서 귀하다. 내게는 그런 책이 서너 권쯤 되는데, 그중의 하나가 불교의 경전급 서적인 『벽암록』이다.

불교는 부처(B.C. 563~B.C. 483)의 가르침을 전하고 실천하는 종교다. '불'은 부처를 한자로 표기한 불타佛陀를 말한다. '불타'는 "깨달은 사람"이란 뜻의 산스크리트어(고대 인도의 표준어) '붓다'에서 비롯되는데, 불교와 관련된 인물이나 용어들 가운데 한자로 된 것이 많은 이유는 불교의 탄생지인 인도와는 비교할 수 없는 번성이 중국에서 이뤄졌기 때문이다. 부처의 원래 이름은 고타마 싯다르타였다. 독일의 노벨문학상 수상작가 헤르만 헤세가 1922년에 쓴 장편 『싯다르타』는 바로 고타마 싯다르타의 이야기를 바탕으로 하고 있다. "사캬 부족의 성자"라는 뜻의 '사캬무니'도 부처를 가리키며, 한자로 표기하면 석가모니釋迦牟尼가 된다. 이 외에도 "세상에서 가장 존귀한 존재"라는 의미의 세존世尊은 주로 동아시아에서 사용하고, 남방불교에서는 흔히 원래 이름에 붓다를 덧붙여 '고타마 붓다'라 부른다. 부처, 불타, 붓다, 고타마 붓다, 고타마 싯다르타, 싯다르타, 사캬무니, 석가모니, 세존 – 이 다양한 이름들이 모두 부처 한 사람을 지칭한다.

  부처의 삶과 가르침을 집약한 불교 경전이 마련되기까지는 몇 차례의 과정을 거쳤다. 우선, 부처가 열반涅槃에 들고난 뒤 초기 10대 제자 중 한 사람인 가섭이 주도해 부처의 가르침을 함께 읊조린 합송合誦이 그 첫 형태였다. 이때 합송이 "나는 이렇게 들었다"라는 말로 시작한 탓에 이후 불교 경전의 첫머리에는 '여시아문如是我聞'이란 말이 붙게 된다. 부처가 세상을 떠나고 백 년을 지나면서 이른바 '제3차 결집'이라 불리는 과정을 거치게 되고 교단은 18개 분파로 나누어진다. 경(經:가르침)·율(律:계율)·논(論:주석/해석)이 형성되는 것은 이후의 일로, 어느 지역으로 불교가 전파되는가에 따라 각자가 중요하게 여기는 것도 달라졌다. 기원전 3세기 무렵 인도 아소카 왕 때부터 발달해 한·중·일 동아시아 3국과 티베트에 전해진 대승불교(大乘佛敎:북방불교)는 경과 율을 중시했고, 아소카왕 이후 남인도·스리랑카·태국·미얀마 등지에서 융성한 소승불교(小乘佛敎:남방불교)는 상대적으로 논을 중요하게 여겼다.

예수의 삶을 근간으로 하는 기독교의 경전이 '바이블(Bible:성경)' 하나에 총체적으로 집약돼 있는 것과 달리, 불교의 경전은 대략 80여 종에 이른다. 하지만 같은 계열의 총론적 성격을 가진 경전 안에 각론적 성격의 경전들이 묶여 있는 경우가 많아 그 수를 특정하는 일은 크게 의미가 없다. 낱낱이 경전 하나씩으로 떼어내면 더 많아지고 한데 묶으면 줄어들기 때문인데, 양적으로는 대략 '바이블'의 백오십 배에 달한다. 다른 세속종교에 비해 불교의 경전들이 방대하고 다양한 것은 불교가 가진 수행의 특성과 함께 논리적 해명·해석을 요구하는 철학적 면모 때문이라 할 수 있다. 이 경전들 가운데, 부처가 도를 이룬 깨달음의 내용을 그대로 설법한 『화엄경』, 부처가 세상에 나온 참뜻을 전하는 『아함경』, 수보리가 묻고 부처가 대답하는 형식으로 쓰인 『금강경』, 우주에 존재하는 모든 것의 인연을 설파한 『능엄경』, 당나라 승려 현장이 260글자로 옮겨 엮은 『반야심경』, 부처의 금언을 423편의 시로 모아 기록한 『법구경』, '유마'라는 인물을 주인공으로 설화식으로 편집해 일상생활에서 해탈의 경지를 체득해야 함을 설파한 『유마경』 등은 불교도가 아니라도 귀에 익숙한 경전들이다.

불교의 수행법 가운데 마음을 가다듬고 정신을 한 곳에 집중해 깨달음의 경지에 도달하는 것을 '선禪'이라 한다. 선사禪師에게로 나아가 도를 배우거나 스스로 도를 닦는 것을 가리키는 '참선 參禪'이나 고요히 앉아 참선에 드는 것을 뜻하는 '좌선坐禪'은 모두 선 수행의 성격을 두드러지게 드러낸다. 그래서 때로는 선 자체를 불교와 동일하게 여기는 경우도 있다. 서양에서 선불교를 이르는 'Zen(젠)'은 '禪(선)'의 일본식 발음인데, 일찍이 서방세계로 진출한 일본 선불교의 영향력을 말해준다.

선불교는 부처가 활동하던 때로부터 천 년 정도 지난 서기 517년 양나라 때 인도에서 건너온 달마 대사에 의해 중국에 전해졌고, 소림사에서 9년 동안의 면벽面壁을 행한 그는 혜가로 하여금 법통을 잇게 했다. 달마를 찾아가 제자로 받아주기를 청했으나 허락받지 못한 혜가가 구도의 의지를 보이기 위해 왼쪽 팔을 절단한 혜가단비慧可斷臂의 고사는 선의 수행이 얼마나 매섭고 혹독한 것인지를 상징적으로 보여준다. 혜가 이후 선불교의 법통은 승찬 → 도신 → 홍인 → 혜능으로 이어졌고, 우리나라에는 신라 중엽에 도입되어 불교의 사상과 수행에 중요한 자리를 차지했다.

선불교는 참선을 통해 자신의 본성을 깊이 들여다보고 깨달음의 묘한 경지를 터득하여 그 깨달음을 가르침이 아닌 이심전심以心傳心으로 중생의 마음에 전하는 것을 바탕으로 삼는다. "깨달음은 말이나 글에 의지하지 않고 마음에서 마음으로 전한다"

는 불립문자不立文字와 교외별전敎外別傳, "가르침에 기대지 않고 좌선에 의해 마음을 직관함으로써 부처의 깨달음에 도달한다"는 직지인심直指人心과 견성성불見性成佛은 선불교의 특성을 여실히 담고 있다.

깨달은 바를 말이나 글을 사용하지 않고 마음에서 마음으로 전한다는 것은 선불교의 가장 큰 특징이다. 이는 본질적 깨달음이란 말이나 글로 드러낼 수 없다는 뜻이기도 하다. 말과 글은 그 자체로 개념·관념일 뿐, 본질을 파악하는 데 한계를 가질 수밖에 없기 때문이다. 가령, '사랑'을 "어떤 사람이나 존재를 몹시 아끼고 귀중히 여기는 마음"이라고 해석해낼 수는 있지만 이것으로 사랑의 본질을 알아내는 데는 한계가 있으며, 도道라는 것을 개념화한 "마땅히 지켜야 할 도리"나 "종교적으로 깊이 깨친 이치"라는 말은 도의 본질과는 일정 부분 거리가 있다. 이 한계를 돌파하기 위해 선가禪家(선불교)에서 취한 것이 바로 화두話頭나 공안公案, 혹은 고측古則(고칙)을 통한 수행법이다.

화두·공안·고측은 모두 부처의 말과 행동을 광범위하게 지칭하는 것으로, 참선 수행의 실마리가 되는 조사祖師와 선승禪僧(선사)들의 언행에 근거를 둔다. 일종의 도력 높은 스님들의 어록인 셈이다. 하지만 화두·공안·고측은 대부분 논리적으로 이해하거나 설명이 불가능해 요령부득의 말장난으로 비치기도 한다. "달마가 서쪽에서 동쪽으로 온 까닭이 무엇입니까?"라는 물음에 당나라 조주선사가 한 "뜰 앞의 잣나무"라는 대답이나 "무엇이 부처입니까?"라는 물음에 운문선사가 "마른 똥 막대기이니 얼른 태워버려라" 하고 대답한 것은 모두 여기에 해당한다. 뜰 앞의 잣나무가 어떻게 달마의 중국행을 설명할 수 있는지, 마른 똥 막대기가 어떻게 부처일 수 있는지를 해명하는 일은 참으로 아득하다. 그러나 이 아득함이야말로 화두·공안·고측이 존재하는 이유이고, 화두·공안·고측이 선 수행의 핵심이 될 수 있는 이유이기도 하다.

화두·공안·고측은 헤아릴 수 없이 많다. 보통 '1,800 공안'이라고 얘기하는 것은 선가에서 주요하게 여기는 것들의 개략적인 수치라 할 수 있다. 이들 중에서 송나라 선승 설두雪竇가 딱 100개를 골라 하나하나마다 송頌(시)을 붙이고 여기에 원오圓悟 선사가 수시垂示(가르침)와 평창評唱(해설)을 덧붙여 선 수행의 귀중한 지침서가 되도록 만든 경전이 바로 『벽암록碧巖錄』이다. 『벽암』은 송나라의 선승 무문無門이 48가지 공안을 골라 설법한 것을 제자인 종소宗紹가 편집한 『무문관無門關』과 함께 선불교의 대표적인 경전이다. "푸른 이끼가 낀 바위"라는 뜻의 '벽암'은 『벽암록』의 편집자인 원오선사가 방장方丈(절을 주관하는 가장 지위가 높은 승려)으로 있던 중국 호남성 협산 영천원靈泉院의 거처, 즉 방장실의 이름에서 유래한다. 『벽암록』은 선적인 문답, 도력 높은 선 수행자들의 이야기, 기록으로 남겨져 있지 않은 채 전해지는 일화 100개에 대해 설두선사가 자신의 견해를 시의 형식으로 표현하고, 여기에 다시 원오선사가 산문 형식으로 소견을 덧붙인 것이다. 원오가 『벽암록』을 완성하는 데는 7년이 걸렸다고 전해진다.

선종禪宗(참선을 근본으로 하는 종파)에서 깨달음은 문자를 넘어서는 무엇에 있고 그 무엇으로 이루어진다. 그래서 깨달음은 설명될 수도 없고, 설명할 수도 없으며, 설명해서도 안 된다. 설명하는 순간 '도로아미타불'이 돼버리는 것이다. 화두·공안·고측의 내용들이 일상 언어를 벗어난 '선적禪的 언어'라는 독특한 패턴으로 구성되는 이유가 여기에 있다. 그러나 선적 언어 또한 언어이기는 마찬가지라는 점에서 『벽암록』 역시 "문자로 세울 수 없다"는 불립문자의 준칙을 거스른다는 의혹으로부터 자유롭지는 못하다. 하지만 『벽암록』에 수록된 '문장'들을 따라가다 보면 이 미묘한 의혹으로부터 벗어날 수 있다.

스물네 번째 이야기에 나오는 "영험한 거북이가 꼬리를 끌었다"는 '영구예미靈龜曳尾'의 고사를 좇아가 보자. 산란기의 거북이들은 바다에서 올라와 모래에다 알을 낳아 파묻고는 다시 바다로 돌아가는데, 돌아가며 남긴 발자국 때문에 번번이 알을 도둑질당한다. 새끼 거북이가 부화해 바다로 돌아오지 못하는 이유가 알을 낳은 어미 거북이의 발자국 때문이란 걸 깨달은 어느 영험한 거북이는 모래 위에 남겨진 자신의 발자국을 꼬리로 문질러 지우며 바다로 돌아간다. 그러나 그 영험한 거북이의 알 역시 도둑질을 당하고 만다. 발자국을 지웠던 꼬리의 흔적이 모래 위에 남겨져 있었기 때문이다.

"유일하게 순정한 지혜는 그대가 아무것도 모른다는 사실을 인식하는 것 안에 있다." 고대 그리스의 철학자 소크라테스의 말이다. 청년들로 하여금 스스로 무지를 깨우쳐 지혜로운 인간으로 가는 길을 열어주려다가 극악한 범죄자로 몰려 감옥에 갇힌 소크라테스는 독배를 마시기 전날, 마지막 면회를 온 아내 크산티페가 "아무 죄 없이 이렇게 죽어야 하나요?"라고 하소연을 하자 되묻는다. "그렇다면 당신은 내가 죄가 있어서 죽기를 바라오?"

소크라테스는 부처가 세상을 떠나고 10년쯤 뒤에 태어난 사람이다. 살았던 곳도 매우 먼 거리에 떨어져 있어 소크라테스가 부처의 '설법'을 알고 있었을 확률은 0에 가깝다. 그런데 소크라테스와 부처는 여러모로 비슷해서 그들의 언설만 놓고 보면 누구의 것인지 구분하기 힘든 것들이 많다. 공유하는 바가 많은 둘의 철학 가운데 가장 근사한 것이 바로 "아무것도 모른다"는 사실에 대한 명료한 인식을 강조한 점이다. 이것은 시기적으로 부처와 거의 동시대이고 소크라테스와 살짝 걸쳐지는 중국의 공자가 한 "아는 것을 안다고 하고 모르는 것을 모른다고 하는 것이 곧 앎"이라는 언설과 맥락을 같이 한다. 부처로부터, 그리고 공자와 소크라테스로부터도 거의 한 밀레니엄이나 지난 뒤에 형성된 선불교는 '앎'에 대해 다시 한 번 치열하게 질문하고 파고든다. 그 한 모범이 바로 『벽암록』이다.

인류가 만물의 영장이라는 턱없이 오만한 수식어에 조금이라도 값할 수 있는 것은 "나는 무엇을 알고 있는가?"라는 질문을 스스로 던지고, 여기에 솔직하게 답할 수 있을 때이다. '무지'에 대한 흔연한 인정은 '앎'으로 나아가는 첫걸음이다. 『벽암록』에 담긴 100개의 측則(칙)은 무지를 꿰뚫어 앎에 이르는 길, 그 하나에 있다. 그래서 이렇게 말하는 것이다.

"지극히 교묘한 것은 졸렬한 것과 같으니 그 영롱한 움직임은 범상한 눈으로 볼 수가 없다. 그러나 반야般若(만물의 참다운 실상을 깨닫고 불법을 꿰뚫는 지혜)는 손가락 끝에도, 움켜쥔 손아귀 안에도, 하늘에도, 땅에도, 아득한 옛날에도, 아직 오지 않은 먼 미래에도, 멈추지 않고 끝도 없이 나아가고 나아간다."

선禪을 통한 공부는 내 안의 진리를 꺼내 세상을 밝히는 일이고, 세상의 진리를 찾아 내 안의 어둠을 걷어내는 일이다. 『벽암록』은 그 일의 시작과 함께하고, 그 일의 과정에 늘 함께하며, 그 일의 다다름에 또한 함께할, 문자 너머의 문자, 책 너머의 책이다.

악플의 인류학

 미국에 사는 흑인들이 즐기는 '다즌스Dozens'라는 게임이 있다. 사실 이 게임을 '즐긴다'고 표현하는 건 옳지 않다. 그들에겐 생존을 위한 투쟁이기 때문이다.

 미국의 흑인들은 어릴 때부터 다즌스 게임을 통해 끊임없이 자신들을 공격하게 될 미래의 세상에 대한 면역력을 기른다. 두 사람이 마주 선 채로 대화를 주고받는 매우 단순한 형식이지만 이 게임에서 중요한 건 대화의 내용이다. 오직 상대를 모욕하는 말로만 채워진다는 것 – 이것이 게임의 법칙이다. 모욕의 대상은 당연히 상대이고, 상대의 가족, 특히 상대의 어머니와 관련된 것이 가장 저질스럽고, 추악하며, 입에 올리는 자신조차 모욕이 느껴질 만큼 더럽고 야비하다. 화면에다 표시를 한다면 온통 X로 가득할 게 뻔한. 더 이상 '모욕적 언사'를 이어가지 못하는 사람이 패자가 되는 게임 – 갱스터랩으로 '승화'된 이 서늘한 생존전략은 지금도 여전히 할렘의 골목들에서 진행되고 있다.

 말[言]은 인간을 여타의 동물들과 구별하게 만드는 특성 중의 하나다. 이 특성으로 만들어진 인간의 별명이 호모로퀜스Homo loquens다. 이것 말고도 인류에겐 그럴듯한 별명들이 여러 개 붙어 있다. 직립보행의 특성을 빗댄 호모에렉투스Homo erectus, 이성적 사고를 가진 존재라는 뜻의 호모사피엔스Homo sapiens, 놀이하는 인간을 뜻하는 호모루덴스Homo ludens, 뭔가를 뚝딱거려 만들어내는 재주를 가졌다고 붙여진 호모파베르Homo faber, 이즈음 가장 핫한 인류학자 유발 하라리가 명명한 '신이 되고 싶은 인간' 호모데우스Homo deus까지.

그러나 '언어의 인간'은 많이 특별하다. 가령, 인간에게 말이 존재하지 않는다면 호모에렉투스는 한낱 걸어 다닐 수 있는 짐승일 뿐이다. 말을 할 수 없다면 인류가 이성적 사고를 가졌다는 사실을 증명할 수 없다. 말을 사용하지 않고서는 인간은 자신이 하는 놀이의 즐거움을, 자신이 만들어내는 도구의 기막힌 가치를 설명할 재간이 없다. 그리고 신이 되기 위해 인간이 축적해온 '데이터'는 결국 말로 이루어져 있다. 말은 그저 인간이 가진 수많은 특성들 중의 하나가 아니다. 그것은 인간이 인간임을 증명해낼 수 있는, 거의 유일한 조건이다.

소중한 것들이 대개 그렇듯, 말 또한 그다지 소중하게 여겨져 왔다고 보기 힘들다. 넘치도록 흔한 물이나 공기처럼, 혹은 한번 쓰고 버리면 그만인 일회용품처럼, 말은 남용되고 오용되어왔다. 남용과 오용은 동전의 양면처럼 한 몸이다. 말의 남용은 물을 마구 써버려 물 부족에 시달리듯 쓸 만한 말의 기근에 시달리게 만들고, 잘못 쓰인 말은 초미세먼지로 뒤덮인 공기가 우리의 허파를 공격하듯 칼날처럼 날카롭게 벼려져 우리의 가슴을 도려낸다. 별생각 없이 쓰고 버린 일회용 쓰레기들이 산을 이루듯 별

생각 없이 내뱉은 말의 쓰레기들은 악취를 풍기며 무시로 날아든다. 사랑과 신뢰, 온화와 친절이 사라져버린 죽은 언어가 난무하는 '온라인'은 다즌스의 모욕적인 욕설로 넘쳐나는 할렘의 후미진 뒷골목과 다를 게 없다. 거기에 넘쳐나는 '말'은 바닥을 드러낸 물, 더럽혀진 공기, 썩은 내를 풍기는 쓰레기에 불과하다.

  말이 품고 있는 치명적인 독성은 경험해보지 않으면 알기 힘들다. 아주 어릴 때부터 다즌스 게임으로 단련된 사람만이 겨우 버텨낼 수 있는 호모로퀜스의 '말'은 더 이상 인간을 짐승과 구별해주는 특성이 아니다. 구별은커녕, 차라리 그걸 잃는 것이, 그래서 말을 가지지 않은 채 자연의 일부로 살아가는 '짐승'이 훨씬 떳떳하고 나은 존재임을 증명하는 특성이다. 더럽고 야비한 욕설을 주고받으며 면역력을 키워야만 생존 가능한 호모로퀜스의 뒷골목과 익명이라는 검고 두꺼운 담요를 뒤집어쓴 채 악플이나 지껄이는 비겁한 '언어의 인간'들이 살아가는 온라인 – 지금·이곳에 기록되는 인류학은 인류의 서글픈 자서전이다. "칼로 입은 상처는 시간이 지나면 아물지만, 말로 입은 상처는 영원히 치유되지 못할 수도 있다"는 말을 뒤집지 못한다면 우리는 결코 해피엔딩으로 끝나는 자서전의 주인공이 될 수 없을 것이다.

시간이
없다

  빛은 진공상태에서 1분 동안 1,800만 킬로미터를 갈 수 있다. 태양과 지구의 거리가 1억 5천만 킬로미터이니, 태양을 떠난 햇빛이 지구에 도달하기까지는 대략 8분 20초가 걸린다. 만약 태양이 생명을 다해 마지막 햇빛을 내뿜었다면, 최소한 8분 20초 동안은 햇빛을 받을 수 있다는 얘기가 된다. 또한 어마어마한 양의 방사능 같은 '독성'을 지닌 햇빛이 발사되었다 하더라도, 적어도 8분 20초 동안 우리는 '멀쩡'할 수 있다.

  8분 20초.

  이 시간 동안 우리는 무엇을 할 수 있을까? 날랜 사람은 라면 한 그릇을 끓여 뚝딱 해치울 수 있을 것이다. 자동차를 타고 시속 100킬로미터로 내달린다면 14킬로미터 정도를 달릴 수 있고, 우사인 볼트가 자신의 100미터 최고기록으로 8분 20초를 계속 내달린다면 출발한 곳으로부터 대략 5킬로미터쯤 떨어진 곳에 도달해 있을 것이다. 프랑스 작곡가 다류스 미요가 만든 세상에서 가장 짧은 7분 27초짜리 오페라 〈풀려난 테세우스〉는 넉넉히 들을 수 있고, 핀란드의 국민음악가 시벨리우스의 저 유명한 교향시 〈핀란디아〉는 연주 시간이 딱 8분 20초이니 피날레를 장식하는 순간과 극적으로 일치한다.

  그러나 할 수 있는 일들이 얼마가 되든, 초침이 500칸을 움직여가는 8분 20초라는 시간은 '시간'이라고 할 수 없을 만큼 짧다.

더구나 태양으로부터 독성 가득한 '태양광선'이 날아오고 있다면 8분 20초 동안 할 수 있는 일이라고는 체념, 포기, 절망, 낙담뿐이다. 물론 신심이 깊은 사람이라면 마지막 기도를 올릴 테지만. 절망을 하든 기도를 올리든, 8분 20초 전에 '재앙'이 시작되었다는 사실을 명확히 인지하지 못한다면 이마저도 가능한 일이 아니다. "아, 더 이상 뭘 할 수 있는 게 없구나"라는 것을 눈치채지 못한다면 재앙이 닥치는 순간에야 비로소 "끝났구나!"라고 절망하게 될 것이고, 그때 올리는 기도라고 해봐야 외마디에 불과하다. 어쩌면 재앙이 닥쳤다는 사실조차 알지 못한 채 그야말로 "훅" 가게 될지도 모른다. 이런 점에서 8분 20초는 '눈 깜빡할 사이'와 다를 게 없다.

사실, 태양에서 일어나는 일이라면 8분은커녕 8시간도, 8일도, 8개월도, 8년조차도, 넉넉한 시간일 수 없다. 80년이라면 어떻게 해볼 수는 있을 것이다. 일론 머스크의 스페이스 엑스 같은 대형 우주선을 1억 대쯤 만들어 거기에 지구인들을 태워 우주공간으로 날려 보낼 수 있을 것이다. 하지만 이때에도 지구와 환경이 비슷한 행성을 찾아내지 못한 상태라면, 80년이라고 해봐야 결국 지구인을 '우주 미아'로 만드는 데 '낭비된' 시간에 불과할 것이다. 이쯤 되면 한 인간의 전 생애에 해당하는 80년조차 결코 넉넉한 시간은 아니다.

진짜 문제는 1억 5천만 킬로미터나 떨어진 태양이 아니라 지금 우리가 살고 있는 지구에 있다. 태양에서 날아오는 '방사능 광선'은 한낱 가능성의 문제이지만, 수개월 동안 계속되는 산불과 가뭄과 물난리는, 속절없이 녹아내리는 시베리아의 영구동토와 남극의 빙하는, 당장 우리 앞에 놓인 현실이다. 더 기막힌 것은 이것이 수십 년 전에 이미 기후학자들이 입을 모아 "평균기온 0.5℃가 올라가면 생기는 현상"이라고 경고했던 일들이란 사실이다. 8분 20초와는 비교할 수 없을 정도로 긴 시간 전에 '인지'되었음에도 불구하고 모른 척하거나 "그까짓 것"이라고 코웃음 쳤던 일이 터진 것이다.

   이 사실은, 안타깝게도, 여기서 끝이라는 결론에 도달하게 만든다. 회복할 시간이 지났다는 것, 희망이 없다는 것을 말해준다. '파리협약'을 깬 트럼프만 욕한다고 해결될 게 아무것도 없다는 것, 지금 당장 자동차를 버리고, 공장의 가동을 중단시키고, 플라스틱 사용을 끊고, 갈아엎은 거대한 초원에다 소에게 먹일 옥수수밭을 일구는 따위의 미련한 짓을 하지 않는다 해도, 가뭄과 홍수와 산불 같은 재앙을 막을 수 없다는 것, 지구라는 거대한 감옥 행성에 갇힌 채 죽어가야 할 종신형 죄수로부터 벗어날 시간이 없다는 것이다. 지금에라도 "그래서 이제 어떻게 해야 하지?"라고 절실하게 물을 수 있다면, 그나마 그것이 절망과 기도 외에 우리가 할 수 있는 유일한 것일지도 모른다.

누가 책을
두려워하는가

 종이를 처음 만든 사람으로 알려진 채륜蔡倫은 중국 후한 사람이다. 그가 종이를 발명한 서기 105년은 우리의 삼국시대가 시작되고 대략 100~150년쯤 되었을 때다. 종이가 있기 이전에 글을 쓰려면 주로 잘 다음은 대나무나 나무, 혹은 비단을 이용했다. 하지만 비단은 너무 비쌌고, 대나무나 나무는 부피가 커서 들고 다니는 데 한계가 있었다. 채륜 이전에도 이집트의 파피루스 같은 게 있긴 했지만 글을 쓰는 용도가 아니라 주로 포장지로 쓰였다. 종이를 뜻하는 한자어 '지紙'는 비단을 만들고 남은 부스러기를 가리켰는데, 비단 부스러기는 채륜이 종이를 만들 때 활용한 재료 중의 하나였다. 기록에 의하면, 채륜은 나무껍질·삼베·그물 같은 것으로 요즘의 펄프를 합성해 이전에는 볼 수 없었던 매끈한 형태의 종이를 만들었다.

 '冊(책)'이라는 한자어는 대나무로 만든 '죽간竹簡'에서 생겨난 상형문자다. 고대의 중요한 문헌이나 문서는 거의 모두 이런 형태로 존재했다. 진시황이 유학자들을 산 채로 구덩이에 묻어 죽이고 유학서적들을 불에 태웠다는 분서갱유 때의 그 '서적'은 죽간으로 된 거였다. 진나라가 망하고 한나라가 들어선 이후 공자의 집 담벼락에서 『상서尙書』가 발견되는데, 당연히 죽간에 쓴 책이었다. 『상서』는 흔히 『서경書經』이라고 하는 유학경전이다. 이때 나온 『상서』는 공자 시대에 사용하던 고대의 글자로 쓰여 있어 '고문古文상서'라 하고, 이를 한나라 시대의 글자로 옮겨 쓴 걸 '금문今文상서'라 한다. 이들은 어지간히 오래된 '책'이어서 후대의 학자들은 물론 당시 학자들 사이에서도 진짜냐 가짜냐를 두고 논쟁이 끊이질 않았다.

종이에 글을 쓰기 이전의 서적, 그러니까 대나무에 쓴 '책'을 원조로 한다면 인간이 책과 함께한 역사는 어마어마하게 길다. 유학의 시조인 공자가 태어난 것은 기원전 551년이고, 그가 쓴 『춘추春秋』라는 역사서의 시점은 기원전 722년인 노나라 은공隱公 때이다. 그 이전에도 당연히 책은 있었다. 오지랖을 넓혀 『주역周易』의 근원이 되는 「하도河圖」, 「낙서洛書」로 거슬러 올라간다면 중국이란 나라가 시작되던 때와 만나는데, 이쯤 되면 인류의 역사가 곧 책의 역사라 해도 과장은 아니다.

"사람으로 태어났다면 적어도 다섯 수레의 책은 읽어야 한다"는 유명한 말은 시성詩聖으로 일컬어지는 당나라 시인 두보杜甫가 지은 시의 한 구절로, 관직에서 물러나 시골집에 은거하며 독서에 전념한 백학사栢學士의 학문과 인품을 기린 것이다.

'다섯 수레'에 담길 정도의 책이면 얼마나 될까. 문헌을 뒤져보면, 옛날 수레의 크기는 보통, 너비가 1미터, 길이가 1.5미터 정도다. 이 정도면 한 수레에 100권쯤 담길 것이다. 다섯 수레면

500권 남짓이다. 빡빡하게 싣고 얹고 해도 1천권을 넘지 않는다. 그런데 당나라 때면 아직 활자가 만들어지기 전이라 모두 붓으로 직접 글씨를 쓴 필사본筆寫本인데다, 옛날 책 한 권이 대략 서른 쪽 안팎이라 지금의 책 1천 권에 비교할 수는 없다. 우리나라에서 개인의 문집으로 가장 양이 많은 다산 정약용의 『여유당전서與猶堂全書』는 154권이고, 청나라 때 편찬된 세계최고의 총서인 『사고전서四庫全書』는 79,337권이었다.

종이가 세상에 나오고 2천 년이 지났다. 지금, 우리는, 책을 얼마나 읽을까? 2018년 8월에서 2019년 9월까지 문체부에서 조사한 자료에 의하면, 우리나라 성인의 독서량은 연간 7.5권, 한 달에 채 한 권이 되지 않는다. 하루 독서시간은 31.8분. 이런 식이라면 평생 '다섯 수레의 책'을 읽을 확률은 0에 가깝다. 2016년 통계지만, 스마트폰을 들여다보는 시간은 하루 3시간 이상이 40%를 넘는다. 1시간~30분쯤 본다는 사람은 10% 남짓이다. 2022년의 통계는 확인하지 못했지만, 이보다 더 줄어들었을 것 같지는 않다.

조선의 정조가 책을 많이 읽었다는 것은 잘 알려진 사실이다. 정조시대를 흔히 '조선의 르네상스'라고 부르는 것이나 조선에서 가장 많은 저서를 가진 정약용을 정조가 무척 아꼈다는 얘기는 독서가로서의 정조를 부각시킨다. 세종 또한 엄청난 독서량을 가진 임금이었다. 송나라의 대표적 학자인 구양수歐陽脩와 소식蘇軾이 주고받은 편지를 엮은 『구소수간歐蘇手簡』을 왕자 시절부터 천 번 이상을 읽었다거나, 책에 빠져 건강을 해칠 지경이 되자 부왕(태종)이 책을 모두 감추도록 했다는 일화는 세종을 '독서왕'이라 일컫게 만들며, 한글 창제의 토대가 어디에 있었는지를 짐작하게 한다. 우리가 편하게 읽고 쓰는 언어가 만들어진 지 575년이다. 하지만 그 언어로 쓰인 '책'은 하루하루 우리에게서 멀어지고 있다. 속절없이 '책을 두려워하는 민족'이 되어가고 있다.

모를
권리

 중국 속담에 "귀신을 부르기는 쉽지만 보내기는 어렵다請神容易送神難(청신용이송신난)"는 말이 있다. 나쁜 사람, 나쁜 일을 불러오는 건 어렵지 않지만 그걸 떠나보내는 건 결코 쉬운 일이 아니라는 뜻의 이 말은, 포털사이트를 통해 뉴스를 공급받는 이즈음의 언론시스템에 딱 맞아떨어진다. 클릭 수를 높이기 위한 자극적인 내용의 기사, 가십거리도 되지 않을 내용에 낚시성 제목을 단 기사, 출처가 분명치 않은 가짜 뉴스, 밝혀놓은 출처 자체가 이미 가짜 뉴스인 엉터리 기사……들은 버젓이 '언론'이란 이름을 달고 있다.

 이들이 두꺼운 낯을 들고 되뇌는 건 "독자의 알권리를 위해"라는 것이다. '알권리'란 독자들이 알지 못했을 때 받아야 할 불이익을 위한 것이지, 알고 싶지 않은 것을 억지로 듣게 만드는 것이 아니다. 좀 부풀려 말하자면, 매일 포털사이트를 장식하는 검색어들 가운데 상위에 랭크되는 99%는 모른다 해도 살아가는 데 어떤 '불이익'도 주지 않는 정보들이다. 더 심하게 말하면, 차라리 모르는 것이 살아가는 데 훨씬 '이익'이 되는 것들이다. 이 논리에 좀 더 과장을 보탠다면, 검색어 상위에 랭크된 기사를 쓴 기자는 99%가 '기레기'다.

 독자들이 진짜 알고 싶고 알아야 할 기사보다는 몰라도 지장 없는, 나아가 모르는 게 더 나은 기사에 혈안이 되는 것은, 실은, 기자만의 문제가 아니다. 진짜 문제는 그들을 그렇게 하도록 부추기는 독자들에 있다. 이 '독자들'로부터 완전히 자유로운 사람이 얼마나 될지는 모르겠으나, 장편소설 『연금술사』의 저자이며 세계적 명성을 가진 작가 파울로 코엘류의 "설명하려고 시간 낭비하지 말라. 사람들은 자신들이 듣고 싶은 것만 들을 뿐이다"라는 말에 기댄다면, 99%의 쓸데없는 기사는 99%의 기레기와 99%의 허접한 독자들, 그러니까 '우리' 모두가 만들어낸 합작품이다. 수요가 있으니 공급을 하게 되는 것이고, 공급한 것은 또 모조리 소비해주시는, '수요공급의 법칙'을 눈물 나도록 성실하게 지키는 현대인의 가련하고 끔찍한 업보다.

 최근 화제가 된 제프 올롭스키의 다큐멘터리 〈소셜 딜레마〉는 우리가 매일 어떤 방식으로 '21세기의 신종마약'을 폭풍흡입하고 있는지를 섬뜩하게 증언한다. 유튜브, 페이스북, 인스타그램, 핀터레스트……들이 기왕의 '언론'을 대체하고 있는 '지금·여기'의 난삽한 언론지형도는 노출증과 관음증을 타고 넘어 사실이 아닌 정보들을 사실로 만들고, 사실이 아닌 정보들이 재생산을 거듭하면서 구축한 거대한 도약대에 올라 '진실'의 산을 까마득히 뛰어넘는 고공점프의 신공을 보여준다. 이를 증언하는 사람들이 한때 세계적 SNS 산업을 이끌었던 전직 CEO나 고위간부들이란 점에서 시사하는 바가 적지 않다.

 고객은 영어로 흔히 customer라고 한다. '커스터머'는 우리도

적잖게 쓰는 용어다. 그런데 고객을 유저user라고 부르는 업종이 하나 있다. 바로 마약 산업이다. 마약업자들은 마약을 구입하는 고객을 '커스터머'가 아니라 '유저'라고 부른다. 하지만 '유저'는 오늘 우리에게 전혀 낯설지 않은 용어다. 우리가 접속하는 모든 인터넷 사이트, 어플리케이션에서 우리는 '유저'다. 디지털매체를 '신종마약'이라 부르는 것은 이 때문이다. 클릭수, 조회수, '좋아요' 숫자의 늪에 빠져드는 것은 어쩌면 마약에 중독되는 것 이상의 중독증일지도 모른다. 적어도 SNS를 끊었을 때 일어나는 금단증세가 담배나 술을 끊었을 때 일어나는 그것과 견줄 수 없다는 건 누구나 인정하는 일이다.

나쁜 뉴스는 좋은 뉴스가 번지는 속도보다 열 배가 빠르다는 통계는, 속도의 문제가 아니다. 각종 모니터에 노출된 정보의 양 자체가 비교불능이다. '나쁜'은 '좋은'을 능가하고, 압도하고, 잠식한다. 자신이 찾는 정보를 좇다가 낚시성 제목의 기사, 야릇한 사진과 그림, 번쩍이는 광고에 마우스를 얹어보지 않은 사람이 있을까. 인류가 몰락과 사멸의 길로 접어든 것은 돌아설 수 있는 지점을 심하게 지나쳐버린 '기후'에 있지만은 않다. '기후'가 인류의 물리적 멸종을 암시한다면, '모를' 권리를 상실해버린 채 '신종마약'에 취해버린 인류는, 그러니까 우리는, 정신적 멸종의 길을 가고 있는 중이다.

선다형 문제풀이

 어떤 선거든 여러 개의 '선지選支'들 가운데 하나를 고른다는 점에서 객관식 문제풀이와 비슷하다. 둘이 '똑같지' 않고 '비슷한' 이유는, 선거란 게 객관식 문제풀이와 마찬가지로 여러 선지들에서 하나를 고르는 일이긴 하지만 그렇게 골라낸 답이 객관적 사실이나 진실에 근거한 '정답'이라고 확정할 수 없기 때문이다. 하지만 주관적 판단이나 선호에 따라 고르는 것이 선거임에도 불구하고 선거에도 객관식 문제풀이처럼 여러 개의 선지들이 주어진다는 것, 실제 그 안에 정답 혹은 정답에 준할 만한 선지가 있(을 수 있)기 때문이다.

 후보들 가운데 하나를 고를 때 우리가 얼마만큼의 고민을 하는지, 어떻게 고민하는지, 정답을 고르는 특별한 노하우나 테크닉이 있는지를 스스로에게 질문해보는 일은 중요하다. 이는 객관식 문제풀이에서 답을 명확히 집어낼 수 없을 때 우리가 빠지게 되는 고민과 다르지 않다. 이 고민에 대해 진지하게 자문해보는 것은 적어도 '이미지'만으로 답을 고르는 잘못을 막아준다. 이미지로 답을 고르는 건 "이게 정답일 것 같아"라는 막연함에 기댄 '찍기'와 다르지 않은, 잘못 고를 확률이 매우 높은 선택행위다.

 오지선다형 객관식 문제에서 다섯 개의 선지들에는 또렷한 특징이 있다. 선지들 중에 정답을 제외한 나머지 네 개의 선지들은 대개 다음과 같이 구성된다. ① 정답의 요소를 풍부하게 갖고 있지만 지나치게 정답의 요소들만 있어서 정답임을 의심하게 만든다. ② 정답의 요소와 오답의 요소가 적절한 비율로 섞여 있어서 오히려 헷갈린다. ③ 오답의 요소가 많아서 일단 오답이라고 생각하게 만들지만, 살짝 섞인 정답의 요소에 걸려들면 "혹시 정답 아닐까?"라는 유혹에 빠지기 쉽다. ④ 누가 봐도 오답인데 오답이 너무 명백해서 "왜 이런 걸 선지에 끼워 넣었을까?"란 생각을 일으키게 만드는데, 출제자를 의심하는 사태까지 벌어지면서 시간을 잡아먹게 된다.

선거에 나서는 후보를 영어로 candidate라고 하는데, '흰 옷을 입은 사람'이라는 뜻의 라틴어 candidatus에서 비롯되었다. 하얀색 양초를 가리키는 candle도 같은 어원에 속한다. '희다'는 것은 "마음이 맑고 깨끗하며 탐욕이 없음"을 뜻하는 청렴결백 淸廉潔白과 통하고, "의심할 여지없이 아주 뚜렷하다"는 명명백백 明明白白과 맥락이 닿는다. 요컨대, 모름지기 국민을 대표하는 자, 지역이나 나라를 이끄는 자는 마음이 맑고 깨끗하며 탐욕이 없고, 사사로운 감정에 휘둘리지 않으며, 자신의 과오까지 의심의 여지없이 또렷하게 밝히는 자이어야 한다.

선거에 나서는 후보자를 이렇게 정의해놓고 나면 더더욱 헷갈린다. 우리가 골라야 할 정답이 과연 선택지에 포함되어 있는지, 고민은 하겠지만 과연 정답을 고를 수 있을지, 자신이 없다. 온갖 기사들에 오르내리는 사람들은 저마다 정답이라고 주장하지만, 그들의 주장은 마치 '정답의 요소를 풍부하게 갖고 있으나 지나치게 정답의 요소들만 있어서 정답임을 의심하게 만드는' 항목에 해당할 확률이 매우 높다. 혹은, 가혹하게 말하면, 오지선다형에 이따금 보이는 '⑤ 위에는 정답 없음'이 정답일 것 같다는 생각을 지우기 힘들다.

   문득, 공자님 말씀이 떠오른다.

   "붉은색은 본래 주색朱色이지만 자색紫色이 주색을 능가하고, 저속한 정鄭나라 음악이 바른 아악雅樂을 흩트리듯, 말솜씨 좋은 자가 사악함을 올바름이라 하여 마침내 나라가 뒤집어진다."

   공자의 말에 등장하는 자처럼 나라를 뒤집으려는 사람들이 후보로 나선다면 선택에서 젖혀놓으면 그만이지만, 아무리 둘러봐도 그런 사람들뿐이다 싶다면 큰일 중의 큰일이다. 평소에 '공부'를 열심히 해두는 것 – 아무래도 방법은 이것뿐이다.

"소설 쓰고 있네"라는 말이 옳지 않은 네 가지 이유와 세 가지 확신

우선 확신 세 가지부터 얘기하자.

(1) 어떤 발언이나 기사가 엉터리없는 내용을 담고 있다고 비난하기 위해 "소설 쓰고 있네"라는 표현을 쓰는 사람은 무지한, 적어도 문학에 관한 한 엄청나게 무지한 인간이다. 소설에는 '엉터리없는 내용'이 아니라 '진실보다 더 값진 내용'이 담겨 있다는 사실을 전혀 알지 못하기 때문이다. '엉터리없는 내용'을 강조하려면 "거짓말하지 말라"든가 "가짜 뉴스를 퍼뜨려서 무슨 이득을 노리는 거냐"고 얼마든 준엄하게 꾸짖을 수 있다. '소설'은 문학을 모르는 무지한 인간이 함부로 들먹여도 될 만큼 하찮지 않다.

(2) "소설 쓰고 있네"라고 지껄이는 인간에게는 사돈에 팔촌, 이웃집, 몇 다리 건너에도 소설가는 눈 씻고 봐도 없을 것이다. 있었다면 '여물통'이 날아갔을 것이다.

(3) 함부로 "소설 쓰고 있네"라고 지껄이는 인간은 고딩 때 '국포자'였을 게 뻔하다. 국어포기자. 이런 인간은 '다르다'와 '틀리다'를 구별할 줄 모르고, 사람이든 커피든 벌레든 가리지 않고 아무 데나 존칭어를 쓰면 상대를 높여주는 것으로 안다. 띄어쓰기와 맞춤법은 젬병이라 워드프로그램에 빨간 줄 그어주는 기능이 없었다면 문서 하나 제대로 만들지 못했을 것이고, 밤새 읽은 거라고는 무협지밖에 없으면서『전쟁과 평화』를 톨스토이가 쓰고

헤밍웨이가 노벨문학상을 받았다는 사실 정도 아는 걸로 문학박사급 위세를 떨어댄다. 하지만 주위의 인간들이 거의 그 수준이니 살아가는 데는 지장이 없다.

이제 "소설 쓰고 있네"라는 말이 왜 옳지 않은지, 그 이유들을 살펴보자.
(1) 소설은 소설가가 지어낸 이야기지만 거짓말과 다르다. 거짓말하는 자는 거짓말을 하는 것 자체가 목적이기 때문에 목적을 달성하기 위해 자신이 하는 얘기가 거짓말이란 것을 철저히 숨긴다. 그러나 소설가는 자신이 쓴 소설이 '사실'이라고 주장할 필요조차 없다. 처음부터 사실을 전제하고 쓰는 게 아니기 때문이다. 읽는 사람 또한 소설이 사실이 아니라는 이유로 자신이 받는 감동에 손상을 입지 않는다. 소설은 처음부터 끝까지 픽션이라는 사실을 숨기지 않을뿐더러, 숨기는 식의 제스처를 쓸 이유가 없다. 그러니 "소설 쓰고 있네"라는 표현은 상대의 거짓말을 문학적 수준으로 격상시키는 우매한 짓이다.
(2) 소설의 역사를 거슬러 오르면 존재의 의미를 파헤치는 철학적 변론들과 맞닿는다. 흑사병이라는 팬데믹을 피해 회당으로 숨어든 자들의 감추어지지 않는 욕망을 드러낸 『데카메론』이나, 살짝 정신줄을 놓친 사내가 벌이는 우스꽝스러우면서 진지한 해

프닝을 그린 『돈키호테』를 어찌 유치하고 저열한 농간으로 범벅이 된 '거짓말'과 견줄 수 있단 말인가. 더 오래전으로 거슬러 가면 소설은 인간의 탄생과 죽음을 주재하는 신화와 연결되는데, 천상과 지상의 천변만화하는 판타지가 어찌 '거짓말'이라는 부도덕한 단어로 수렴될 수 있는가. 제우스가 날린 번개에 맞아 죽어도 변명의 여지가 없을 일이다.

(3) 소설가는 소설을 써서 원고료라는 정당한 대가를 지불받는다. 하지만 거짓말을 하는 자는 거짓말을 했다는 사실을 숨김으로써 정당하지 못한 대가를 챙긴다. 원고료는 만천하에 공개되어 있고 매우 일정하지만, 거짓말로 챙기는 대가는 공개되지 않을 뿐 아니라 그 액수를 가늠할 수도 없다. 또한 소설가가 정당하게 받은 원고료의 3.3%는 원천징수되어 국고에 쌓이지만, 거짓말로 벌어들인 돈은 국세청의 추적에 걸리지 않을 확률이 매우 높으며 결국 국고 탕진의 결과를 초래한다.

(4) 소설가는 소설을 통해 명성을 얻고, 거짓말쟁이는 거짓말을 통해 악명을 높인다. 이건 매우 중대한 사안이다. '소설'이란 말을 함부로 잘못 쓰는 사람들 중에 유난히 국회의원들이 많은데, 국정감사장에 출석한 사람에게 "소설 쓰지 말아요!"라고 소리를 지를 때 제발 이 점을 좀 생각해주길 바란다. 자신은 호통을 치는 거라고 생각하지만, 그것은 거짓말쟁이의 거짓말을 예

술적 차원으로 승화시키는 어이없고 볼썽사납고 우스꽝스럽고 안타까운 일이다.

제발 소설 좀 읽자! 이제껏 살아오면서 감동적인 소설이 한 편만 있었더라도 차마 할 수 없는 것이 "소설 쓰지 말아요"란 말이다.

부모의 사랑이라는 절대적이고도 상대적인 철학

 부모의 학대로 돌이킬 수 없는 상처를 입거나 사망에 이르는, 비극이라는 단어조차 수식하기 버거운 온갖 일들이 일상처럼 보도된다. 특히 친부나 양부에 의한 성적 학대는 그 자체로 믿어지기 힘든 사안인데 그걸 여느 성범죄와 다를 바 없이 다루는 사법부의 행태를 접하면 아예 말문이 닫혀버린다. "어떻게 부모가, 어떻게 아버지란 사람이, 엄마가 도대체 어떻게…" 같은 넋두리나 흘려놓으며 자괴감의 깊은 수렁으로 빠져 들어가는 일도 덩달아 일상이 되어간다. 실로 끔찍한 비극은 이런 일들에 대한 무감각과 분노하고 슬퍼하는 기능의 상실이 빛의 속도만큼이나 빠르다는 사실이다. 학창시절의 도덕시간에 배워서 뇌리에 깊이 박힌 '아가페(무조건적 사랑)'가 참담하고 속절없이 붕괴되어가는 모습을 목도할 때면 18세기를 수놓았던 두 철학자, 칸트와 루소가 깊은 밤의 달처럼 떠오른다.

 "하늘엔 별들이, 내 마음엔 도덕률"이란 말에 담긴 칸트의 정신적 엄격함은 그의 생활에도 고스란히 재현되었다. 그는 평생 고향을 떠나지 않았고, 밤 10시에 잠자리에 들어 새벽 5시에 일어났고, 두 잔의 차와 파이프 담배로 아침 식사를 대신했고, 면밀하게 짠 시간표에 따라 강의를 했고, 오후 3:30이 되면 보리수가 도열한 길을 여덟 번 왕복했다. 마을주민들이 시계를 맞추었다는 저 유명한 그의 오후 산책을 며칠 동안 중지시킨 것이 있었으니, 바로 루소의 『에밀』이었다. 칸트는 『에밀』을 읽는 데 빠져 산책을 빠트려먹은 것이다.

루소는 잘 알려져 있듯 다섯 명의 자식을 모두 고아원에 보내 버린 비정한 아비이면서도 『에밀』이라는, 당시로써는 최첨단의 교육철학적 소설을 쓴 아이러니한 인물이다. 한 면만을 부각해 비교하면 루소와 칸트는 대척에 있는 인물이라 해도 과장은 아니다. 그 '한 면'은 바로 여성과 관련된 두 사람의 생각과 삶이다.

칸트는 평생 독신을 유지했다. 결혼을 할 수 있는 두 번의 기회가 있었지만 두 번 모두 고백에 주저했던 그는, 한 여인은 먼 곳으로 이사를 가게 만들었고 다른 한 여인은 자신보다 고백에 빨랐던 다른 남성에게 빼앗기고 말았다. 그러고 나서는 제자들에게, "결혼할 여자를 고를 땐 정열적인 애정보다는 냉철한 이성에 따르고, 미모보다는 지참금을 먼저 생각하라"고 꽤나 '쪼잔'하게 충고했다. 이런 칸트와는 달라도 너무 달랐던 루소는 평생 자위행위와 음부노출증에 시달렸고, 자신을 낳고 세상을 떠난 어머니의 환영에 시달리며 끊임없이 '어머니와 같은' 여성을 찾아 헤맸다. 이런 가슴 아픈 성적 방랑은 그의 『고백록』을 한 위대한 철학자의 '성적 일탈기'로 읽히게 만든다. (개인적으로, 루소의 『고백록』은 내가 읽은 가장 뛰어난 자서전이다.)

칸트와 루소, 두 위대한 철학자의 기묘한 어긋남에는 한 가지

또렷한 공통의 질료가 있는데, 바로 어머니였다. 어머니에 대한 두 철학자의 언설이 이를 잘 드러낸다. "나는 어머니를 결코 잊을 수 없다. 어머니는 내 마음에 최초로 선의 씨앗을 심어준 분이었다"라고 칸트는 말했다. 반면에 루소는 "나는 허약하고 아픈 아이로 태어났다. 나로 인해 어머니는 세상을 떠났고, 내가 태어난 것은 나의 여러 불행들 가운데 최초의 불행이었다"고 토로했다. 어머니의 부재에 겹쳐 함께 밤을 새워가며 책을 읽기도 했던 자상한 아버지마저 예기치 못한 일로 어린 루소의 곁을 떠나버린 상황에서 그를 키워주었던 고모(쉬잔 루소)에게 루소가 한 "사랑하는 고모, 당신이 저를 살려주신 것을 용서합니다"라는 말은, 『고백록』에 나와 있으니 '고백'이라 하지 않을 수 없지만, 기이한 페이소스를 던지는 '독설'이라 해야 옳다.

부모란 자식들에게, 적어도 성인이 되기 전까지의 그들에게, 세상의 그 어떤 것보다 우월하고 크고 깊은 존재다. 부모로부터 받는 사랑은 가족 안에서만 머물지 않고 타인에게로 확산된다는 사실은 수많은 데이터들이 말해준다. 이 데이터들은 결국 부모로부터 받은 학대 또한 타인을 향한 학대로 이어진다는 것을 의미한다. 가장 가까운 곳에서 온 힘을 다해 사랑하고 보호해주어야 할 대상까지 학대의 대상으로, 희생양으로 삼는 행위는 결코

'보통의 폭력'이라 할 수 없다. 가장 가혹한 지옥에 떨어져야 할 폭력이 보통의 폭력으로 평가절하되는 것은 그 자체로 지금의 이곳을 지옥으로 만드는 일이다.

    태생적인 도덕론자였던 칸트도, 폐덕의 절정에서 교육의 덕성을 펼친 루소도, 우리에겐 지극한 예외다. 이 지극한 예외가 양쪽의 극을 이룬 진폭 안에 우리가 있다. 사는 것이 힘들면 맨 먼저 무너지는 것이 도덕이지만, 이 회복하기 힘든 도덕의 추락에 대한 책임은 결국 우리의 몫이다. 어떤 교묘한 상대성으로도 변명될 수 없는, 죽음으로만이 깊어지는 절대성이 이 '책임' 안에 있다. 또한 이 안에 우리가 진정 사랑의 인간임을 입증할 수 있는 가엾고 처절한 안간힘이 숨 쉬고 있다. 돌아가자, 사랑으로!

간신의
용도

　옛날 중국의 얘기다.
　출처가 분명하지 않아 실재했던 일이라고 장담할 수는 없는데, 어쩌면 언젠가 한번 써보리라 하고 머릿속에 담아두었던 '소설'일는지도 모른다. 아무튼, 옛 중국 어느 나라에 백성들이 모두 칭송해 마지않는 제후가 있었고, 그의 휘하에 비독祕毒이라는 신하가 있었다. 비독이란 자는 사람들이 하나같이 간신이라 말할 정도로 극악한 자였다. 제후 역시 비독이 그런 자라는 걸 잘 알고 있었다. 그럼에도 불구하고 어쩐 일인지 제후는 비독을 곁에 두었다. 열렬한 충신은 물론이고, 제 몸 사리기에 바쁜 신하들조차 기회가 될 때마다 제후에게로 가서 비독의 못된 성정과 독단과 횡포를 고해바쳤다. 하지만 제후는 그 어떤 말에도 꿈쩍하지 않았다. 더구나 천하의 간신을 내치지 않고 곁에 두는 이유조차 말해주지 않았다. 다만, "그대들이 덮어두기 바라오"라고 말할 뿐이었다.
　어느 날 한 스님이 설법을 하기 위해 제후의 초청을 받고 궁성을 방문했다. 제후는 신하들을 모두 참석하게 한 뒤 설법을 듣게 했다. 설법이 모두 끝난 뒤, 스님은 신하들을 둘러보며 궁금한 게 있으면 물어보도록 했다. 설법이 아주 훌륭했던 모양인지 아무도 질문을 하지 않았다. 좌중을 가만히 둘러보던 스님은 빙그레 웃으며 말했다.

"어떤 질문이라도 상관이 없습니다. 소승이 대답할 수 없는 것이라면, 부처님께 물어서라도 알려 드릴 테니 기탄없이 질문을 하십시오."

농담까지 해가며 분위기를 부드럽게 했지만, 제후의 신하들 가운데 질문을 던지는 사람은 아무도 없었다. 스님은 이쯤에서 끝내야겠다 싶어 가사장삼의 앞섶을 여미고 두 손을 가지런히 모아 합장을 했다. 바로 그때 이마가 좁고 하관이 빠른, 인상이 별로 좋아 보이지 않는 한 사람이 자리에서 일어났다.

자리에서 일어난 사람은 자신을 비독이라고 소개한 뒤, "한 가지 여쭙고 싶은 것이 있습니다" 하고 말했다. 스님은 고개를 크게 끄덕였고, 비독이 "세상에는 아무짝에도 쓸모없는 것이 있습니까?"라고 물었다. 스님은 그런 건 없다고 대답했다. 세상에 쓸모없는 것은 하나도 없으며, 모든 것이 쓸모를 가진다고 덧붙였다.

비독이 다시 물었다.

"사람을 죽이는 독도 쓸모가 있습니까?"

이번에도 스님은 고개를 크게 끄덕이며 그렇다고 대답했다.

비독이 고개를 갸웃거리며 "용도라고는 오직 사람을 죽이는 것뿐인데도 쓸모가 있다는 얘깁니까?" 하고 의아한 듯 물었다.

비독의 질문에 스님은 예의 빙그레 웃는 얼굴로 "그래서 쓸모가 있는 겁니다" 하고 말했다.

승려의 말이 떨어지자, 궁성 안에 모인 사람들의 얼굴이 의아함으로 가득 찼다. 표정의 변화가 없는 사람은 단 한 사람, 시종일관 눈을 지그시 감고 있던 제후뿐이었다.

　비독이 조심스럽게 물었다.

"사람을 죽이는 독이 가진 쓸모는 어떤 것입니까?"

　스님은 비독의 얼굴을 지그시 바라보며 대답했다.

"그 독을 맛보지 않기 위해 조심하도록 만드는 것이지요."

　그렇게 말한 뒤, 스님은 좌중을 둘러보며 부드러운 음성으로 말을 이었다.

"미꾸라지들을 두 개의 항아리에 나누어 담아놓고 한쪽 항아리에 가물치 한 마리를 넣어두면 가물치를 넣지 않은 항아리의 미꾸라지들보다 더 오래 산다는 얘기를 들어보았을 겁니다. 가물치에게 잡아먹히지 않기 위해 더욱 부지런히 움직이기 때문이지요. 이것은 거울이 많은 집에 사는 사람의 매무새가 더 단정한 것과 같은 이치입니다. 독의 용도 또한 이와 같습니다. 독은 미꾸라지들이 가득 찬 항아리 안의 가물치이며, 집안 곳곳에 놓인 거울입니다. 독이 쓸모 있음은 그와 같습니다."

　세상에는 아름다운 것만 존재하지 않는다. 올바른 것만, 착한 것만, 본받고 싶은 것만, 훌륭한 것만 존재하지 않는다. 오히려

간신의 용도

그런 것들은 매우 드문지도 모른다. 잘못을 저지르고, 판단을 그르치고, 실수를 범하는 것은 흔하게 일어나는 일이다. 아름다운 세상은 아름다운 것만 존재하는 세상이 아니라 아름답지 않은 것이 쓰일 수 있는 용도를 찾아내고 그것을 함부로 추방하지 않는 세상이다. 아름다운 것만 아름답다고 여기고 그것에만 매몰된다면 결국 아름다움의 용도조차 잃게 되며, 그런 사회에 실제로 만연한 것은 비난과 징벌과 저주와 폭로 같은 전혀 아름답지 않은 것들이다.

보이는 곳에 두든 보이지 않는 곳에 두든 독은 언제나 독이다. 독을 보이지 않는 곳에 던져버리고는 "이제 독은 없다"고 떠들어대는 세상은 매우 위험하다.

기울어진 저울

 소비하청笑比河淸이란 말이 있다. 사람이 매우 근엄해서 여간해선 웃지 않을 때 쓰는 말이다. 이때 '하'는 황토와 뒤섞인 누런 강물로 유명한 중국의 황하黃河를 가리킨다.

 도무지 웃을 줄 모르는 사람의 얼굴에서 웃음을 본다는 건 맑게 흐르는 황하를 보는 것과 같다는 '소비하청' 고사의 주인공은 송나라 때 서릿발 같은 판결로 명성이 높았던 판관 포증包拯이다. 포증은 흔히 청천靑天이란 호를 붙여 포청천으로 불리었다. 황제의 위세를 업고 설쳐대던 황족들과 환관들조차 포청천의 시퍼렇게 날이 선 서슬에 눌려 그를 보면 두 손을 얌전히 모아 고개를 숙였고, 가능하면 그의 눈에 띄지 않도록 피해 다녔다.

 작은 현縣의 현령으로 지낼 때 이미 갖추어져 있던 포청천의 바르고 엄한 품격은 개혁의 실패로 부정부패가 만연한 도성 개봉開封에서 확연히 빛을 발했다. 개봉 부윤에 임명되면서 당시 주군이었던 인종으로부터 사형집행에 쓰이던 작두를 선사 받은 포청천은 관청에 북을 매달아 민원을 제기하는 데 번거로운 절차를 생략하게 했고, 그걸 막는 관리는 용서하지 않았다. 강가의 공유지에 사사로이 지어진 관리의 누각들이 단 하나의 예외도 없이 철거되자 백성들은 "청탁이 통하지 않는 건 염라대왕과 포증뿐"이라는 노래를 지어 불렀다. 요직을 두루 거쳤지만 포청천의 생활은 여느 사람과 다르지 않았고, 사사로운 감정에 휘둘리지 않기 위해 친지와 친구들을 멀리했으며, "후손들 가운데 탐관오리가 나온다면 살아서는 고향으로 돌아오지 못하게 하고, 죽어서도 선산에 묘를 쓰지 못하게 하라"는 유언을 남긴 채 세상을 떠났다.

포청천과는 다소 결이 다르지만 청렴하면서도 엄격한 관리의 면모와 개혁정신에 비추면 맨 먼저 떠오르는 조선의 인물은 조광조趙光祖다. 그에게 붙어 있는 "너무 곧아서 일찍 스러졌다"는 평가는 그의 엄정한 선비정신과 굽히지 않는 기질을 대변한다. 임금의 허락을 받기 위해 밤이 되어도 물러나지 않은 그였지만 과거科擧만으로 세상에 숨은 인재를 등용시킬 수 없다며 현량과賢良科를 주장할 정도로 현실적인 감각을 지닌 사람이기도 했다. 공적을 높여 훈작으로 '놀고먹던' 대신들을 외직으로 돌리고, 나아가 공신 넷 가운데 셋의 공훈을 삭제한 것은 지금이라도 하기 힘든 과감한 개혁이었다. 당대는 그를 서른일곱 한창나이에 목숨을 내놓게 만들었으나 역사는 그를 개혁가의 맨 앞자리에 세워 기린다.

한때 조광조와 포청천에 어깨를 겯을 만한 사람을 발견한 적이 있다. 그 사람에 '푹 빠져 있었다'고 해야 옳을 듯싶다. 수요일과 목요일 밤이면 어김없이 그를 만났다. 그를 만나는 시간을 기다리는 나는 사랑에 빠진 이의 설렘과 기대로 한껏 달떴었다.

양종훈 – 검사 출신 로스쿨 형법교수다. 웃음기를 찾아볼 수 없는 그의 얼굴은 '소비하청'의 포청천을 빼다 박았다. 날카로움과 엄정함, 온몸에서 뿜어져 나오는 결기는 조광조의 그것을 상상하게 만들었다. 검사 시절 양종훈은 대기업 회계담당 직원 하나를 횡령혐의로 기소한 적이 있었다. 그런데 그가 피고에게 구형한 것은 '무죄'였다. 판사가 양종훈에게 무죄라면 기소는 왜 한 것이냐고 묻는다. 그때 그가 말한다. "횡령한 것은 피고가 아니라 피고의 윗사람들입니다. 그들이 저지른 불법을 피고가 뒤집어쓴 것입니다. 그래서 무죄입니다. 하지만 본 검사가 기소를 하지 않았다면 다른 검사가 기소를 했을 것이고, 그랬다면 피고는 어떤 식으로든 벌을 받았을지도 모릅니다."

안타까운 일이지만 양종훈은 현실의 존재가 아니다. '로스쿨'을 배경으로 흥미진진하고 의미심장한 얘기들이 펼쳐지는 한 방송사의 수목드라마 주인공이다. 한낱 드라마의 주인공이라는 '허구의 존재'지만 내가 그로부터 받는 위안은 더없이 크고, 감동은 눈물겹도록 진하다. 현실의 존재는 아니지만 양종훈에게서 나는 정의로운 사람의 표상을 보고, 정의를 찾아가는 사람의 진면을 새삼 확인한다.

세상은 정의롭지 못하다. 어쩌면 인류의 역사에서 정의로운 세상은 단 한 번도 존재하지 않았을지 모른다. 세상이 정의로웠다면 눈을 가린 채 한 손에는 칼을, 다른 한 손에는 저울을 든 정의의 여신 디케를 만들어낼 필요가 없었을 것이다. 시작부터 기울어져 있는 '정의의 저울'은 웃음을 잃은 포청천과 마흔 살이 되기 전에 목숨을 잃은 조광조와 허구의 인물인 양종훈 같은 존재에 의해, 그나마 겨우, 아슬아슬하게, '평형'을 이룰 수 있을 뿐이다. 희망이란 참으로 실낱과 같다. 그러나 있다. 있어야 한다.

마음의 물리력

수십 년 동안 하루 두 갑의 담배를 가볍게 피워대던 천하의 골초 K가 건강검진 결과를 받아든 날, 큰 결심을 한다. 물론 금연에 대한 결심이다. "이번만큼은!"이라고 주먹을 불끈 쥔 순간, 그의 마음 저 안에서 이런 소리가 들려온다. "이번에도 뻔해, 넌 결국 실패할 거야." 하지만 그는 어금니를 깨물며 물러서지 않는다. 생각해둔 게 있었다. 그가 생각한 것은 심리학에서 말하는 '떠벌림 효과Profess Effect'.

K는 직장에서 가장 절친한 동료 셋에게 "내가 만약 담배를 피우면 십만 원을 줄게요"라고 약속한다. 그는 아예 오만 원짜리 두 장씩을 그들에게 건네주고는 "제가 더 이상 담배를 피우지 않겠구나 싶을 때 이 돈으로 술 한 잔 사주세요"라며 각오를 다진다. 그는 한 걸음 더 나아가, 회사 사람들을 만날 때마다 공개적으로 금연을 선언한다. "저는 오늘부터 담배를 끊습니다. 제가 만약 담배를 다시 피우게 된다면 저를 사람으로 보지 마십시오!"

K는 결의에 찬 선언에 이어 주머니에서 담뱃갑을 꺼내 쓰레기통에 던져 넣는 퍼포먼스까지 한다. 그걸 지켜본 사람들은 "사흘만 넘기면 성공" 같은 농담을 던지기도 하지만 저마다 K에게 응원의 악수를 청하고 어깨를 두들기고 더러는 포옹까지 해준다. 그런데 L만 유독 별 반응이 없다. 그는 웃음기 없는 얼굴로 잠깐 K를 보며 고개를 끄덕였을 뿐, 묵묵히 자신이 하고 있던 일

을 계속한다.

L은 가능하면 타인과 깊은 관계를 맺으려 하지 않는 사람이다. 이기적이라는 소리를 들을 정도로 자기중심적인 그는 자신의 삶, 자신의 일에만 몰두할 뿐이다. 속내를 잘 드러내지 않으니 남에게 피해를 주는 일도 그만큼 적지만 상대로부터 상처를 받는 일도 그만큼 적다. 그러나 사실 L의 이런 태도는 이기심과는 정반대의, 자신으로 인해 누군가가 상처를 입을지도 모른다는 두려움이 작용한 때문이다.

L같은 경우를 흔히 '고슴도치 딜레마'에 빠졌다고 하는데, 누군가와 가까워지면 자신이 가진 가시로 상대를 다치게 하는, 그래서 아예 관계를 차단한 고슴도치와 같은 사람으로 스스로를 치부하는 것이다.

마음은 참으로 미묘하고 오묘하고 기묘하다. 자신의 건강을 좀먹어 들어가는 담배를 어떻게든 끊어보겠다며 K가 철저히 기댄 것도 마음이고, 이기심처럼 보이지만 실은 상대를 지켜주려는 게 더 큰 L의 그것 역시 마음이다.

사전은 마음을 "사람이 본래부터 지닌 성격이나 품성"으로 정의하지만, 실재의 마음은 어느 날 갑자기 자신에게로 쑥 들어온 듯이나 낯설다. 팔색조처럼 표정과 모양을 바꿔버리기도 하는 그 마음을 '본래부터' 지닌 것이라고 생각하기가 쉽지 않다. 때로 마음은 마음의 주인과 아무런 상관이 없다고 해야 옳을 정도로 겉돈다. 가령, 누군가를 도와야 하는 상황에서 도움을 주지 못했을 때, 우리의 '마음'은 도움을 주지 못한 것과 피해를 입힌 것을 동일시하는 죄의식에 빠진다. 이런 죄의식을 덜어내기 위해 더러는 봉사활동과 같은 남을 돕는 행위를 하게 되고, 더러는 자신의 속마음을 누군가에게 털어놓는다. 그런데 이런 행위는 그를 억누르던 죄의식을 약화시키고, 타인에 대한 도움도 점차 줄어들게 만든다. 재빠르고 영리하게 죄의식을 털어버리도록 '농간'을 부리는 것이다.

개개인의 마음이 집단을 형성할 때 보여주는 전혀 다른 양태는 마음의 미묘함, 오묘함, 기묘함을 극단적으로 부각시킨다. 가령, 집단에서 의사결정을 할 때 개인이 혼자 결정할 때보다 훨씬 모험적이고 실험적인 쪽으로 기울어지는 경향이 있는데, 흔히 이걸 전문용어로 '모험 이행Risky Shift'이라고 부른다.

하지만 이와는 정반대로, 집단적 의사결정에서 매우 보수적인 방향으로 쏠리는 '보수 이행Conservative Shift'이 일어나기도 한다. '극화현상極化現狀:Extremity Shift or Polarization'으로 뭉뚱그릴 수 있는 이 현상은, 모험적인 것이든 보수적인 것이든 개인이 홀로 결정할 때 작용하는 '의사'보다 훨씬 극단적인 '마음'의 움직임이 집단에 의해 이루어진다는 사실을 말해준다. 스위스의 정신의학자이며 심리학자인 카를 융의 '집단무의식'을 연상시키는 이 '집단적 마음의 움직임'은 결국 개별성이 마멸되는 곳으로, 개인의 자유를 허용하기보다는 억압하는 방향으로 귀결된다.

대선에 도전하겠다는 사람들이 슬슬 모습을 드러내고 있을 즈음, 그 사람들의 '도전의 변'을 읽다가 문득, 그들의 마음과 우리의 마음이 어디쯤에서 맺어지고 엇갈리게 될지, 지지와 비난이 난무하게 될 선거판을, 그 선거판에 또 천변만화하고 변화무쌍하게 탈을 바꾸게 될 온갖 '마음'들을 상상해보았었다. 나라를 위하고 국민을 위하고 평화를 위한다는 그들의 공허한 말잔치에 소모될 게 뻔한 우리의 '마음'들도, 미리 좀 쓸쓸하게, 느껴봤다.

합리적 의심의
두 얼굴

 언론의 보도만이 아니라 실제 법정에서도 많이 거론되는 '합리적 의심'은 법률용어처럼 보이지만 실은 법률적 용어가 아니다. '합리적 의심'은 말 그대로 피의자의 피의 사실을 추정할 수 있을 뿐인, 불확실한 근거이기 때문이다. 피의자가 범행을 저질렀을 가능성을 파고드는 경찰·검찰의 수사나 조사에서 '가능성'이란 결국 '그러리라고 생각되는' 무엇이고, 담당자들은 피의자가 해당 범죄를 저질렀다고 '합리적으로 의심되는' 무엇의 완전한 증거를 찾아낼 때까지, 혹은 그런 상태가 완전히 불식될 때까지 수사나 조사를 벌여나간다. 수사나 조사를 진행하는 동안 긴급한 상황에서 피의자를 마주쳤을 때 영장을 발부받지 않고 수색하거나 체포할 수 있는 배경에도 역시 '합리적 의심'이 작용한다.

 "아니 땐 굴뚝에 연기 날까?"라는 속담은 '합리적 의심'을 그대로 드러낸다. 굴뚝에서 연기가 남에도 불구하고 아무것도 땐 적이 없다고 한다면 믿을 사람이 많지 않을 것이다. 아예 없을 수도 있다. 굴뚝에서 연기가 난다는 것과 아궁이에 뭔가를 땠다는 것은 명확한 인과관계를 가진 동시적 사건이다. 마술을 부리는 것이 아닌 이상 굴뚝에서 피어나는 연기는 아궁이에서 땔감이 타고 있음을 '합리적으로 의심'하게 한다. 굴뚝에서 연기가 오르는 것을 본 수사담당자는 아궁이가 있는 곳으로 달려가게 되고,

아궁이에서 타고 있는, 혹은 타고 남은 뭔가를 증거물로 확보하게 될 것이다.

그러나 세상에는 '굴뚝'과 '연기'가 빚어내는 명확한 인과관계만 존재하는 건 아니다. 피의자가 아닌 다른 누군가가 피의자를 음해하기 위해 피의자가 한 것인 양 뭔가를 태워서 굴뚝에 연기가 솟도록 만들었을 가능성은 물론, 연기처럼 보이지만 실은 연기가 아닌 것이 굴뚝에서 솟는 경우도 얼마든 일어날 수 있다. 이때 '합리적 의심'은 '비합리적인 의심' 혹은 '합리적 착각'과 완전히 동일하다. 심각한 것은 한번 '합리적 의심'에 꽂히게 되면 자신이 하고 있는 '의심'이 '합리적'이란 걸 확고히 하는 방향으로 모든 의식과 행위를 몰고 간다는 사실이다. 이때 "내가 틀렸을 수도 있다"는 매우 '합리적'인 '의심'은 결코 일어나지 않는, 일어나서는 안 되는 것이 되어버린다. "나는 옳다"와 "내가 하는 의심은 합리적이다"는, 오직 자신에게만이 확고할지 모르는 '비합리적 사고'에 속절없이 매몰되는 것이고, 이보다 더 끔찍한 '합리적 의심'은 없다.

'합리적 의심'의 위험성은 '합리적'이라는 수식어에 그 위험성의 전부가 녹아 있다. '합리적'이라는 단어의 어원인 영단어 rational은 '이성적理性的'이라는 뜻이고, 여기에는 "감정에 휘둘리지 않는다"는 매우 냉혹한 의미가 담겨 있다. 그러나 '합리적 의심'이라는 말에서 '합리적'이라는 단어 속으로 한 걸음 더 들어가면 '비합리적·비이성적·감성적·감정적'이라는 뉘앙스가 도드라진다. 특히 이해당사자들 사이의 교감에서 생겨난 '합리적 의심'은 상대를 궁지에 몰아넣기 위한 음험하고 무모한 '비이성적 억지'로 기능한다. 이런 오도가 가장 폭발적으로, 가장 함부로 쓰이는 곳이 정치판인 이유도 여기에 있다. 이런 정치판을 언론은 사냥터로 삼고, 그 언론에 '가짜 뉴스' 제공자들은 무분별한 소스를 공급하며 사적 욕망을 실현하며, 우리는 이들의 음험한 '비합리적' 의심을 '합리적' 의심 없이 받아들인다.

우리 헌법에는 형사피의자의 경우 유죄 판결이 확정되기 전까지는 무죄로 본다는 '무죄추정의 원칙'이 명시돼 있다. '합리적 의심'은 이 '무죄추정의 원칙'과 정면으로 충돌한다. 유죄라는 의심과 무죄라는 추정의 충돌은 법질서의 교란으로 이어질 수밖에 없다. 경찰이나 검찰이 수사 중인 사건에서 피의자에게 매우 불리한 피의 사실들을 은근슬쩍 언론에 흘려 여론을 형성하고 수사에 유리하도록 만들고, 이러다 문제가 생기면 '국민의 알 권리'라는 칼을 빼든다. 이런 속 보이는 수작은 관행이 되어버렸을 정도로 빈번한 일이다. "아니면 말고"식으로 퍼트려지는 가짜 뉴스는 가장 질이 나쁜 수작이다.

 합리적 의심을 빙자하고 국민의 알 권리를 등에 업은 이런 식의 헌법 유린을 방조한다면 '헌법의 필요성'을 '의심'하지 않을 수 없다. 이 '불합리'한 의심 또한 매우 확연히 '합리적'이지 않은가.

책의 값

 '책값'과 '책의 값'은 다르다. '책값'은 상품으로서의 책에 부여된 가치로, 이즈음은 대체로 1만 원을 조금 넘거나 2만 원이 채 되지 않는다. 이 값은 책이 세상에 나올 때 명확히 정해져 있어서 서점 주인이 함부로 깎거나 더할 수 없는 절대적 수치다. 다만 출간된 지 오래되어 더 이상 찍어내지 않게 되었거나 주머니 사정이 여의치 않은 독자가 낡고 험하더라도 구입하려는 경우에만 자의적으로 값에 변형이 일어나는데, 이때는 원래의 값에서 한참 내려가는 게 보통이지만 희귀성이 작용하면 오히려 그 값이 천정부지로 뛸 수도 있다. 그러나 설사 원래의 값에 수만 배가 뛰어오른다 해도 그건 여전히 '책값'일 뿐, '책의 값'은 아니다.

 '책의 값'은 책에 담긴 내용과만 관련이 있는 매우 주관적인 가치로, '책값'의 일률성이 우스워지는 경우가 굉장히 많다. 누가 책을 썼는지, 책에 사용된 종이의 질이 어떤지, 두께는 얼마나 되며 단색으로 된 책인지 컬러인지, 사진이나 그림 같은 이미지가 어느 정도 들어가 있는지 등 '책값'의 결정에 지대하게 작용하는 요소들은 '책의 값'을 결정하는 일과 곧바로 연결되지 않는다. 전혀 무관할 때도 허다하다. 가령, 아무리 유명한 저자가 쓴 매우 고급한 지질에 엄청난 볼륨을 가진, 컬러로 된 사진과 그림이 화려하게 버무려져 있음에도 불구하고 그 '책의 값'은 영(0)이 될 수도 있으며, 반대로 무명의 저자가 쓴 매우 얇은 볼륨의 재생지로 된 단색의 책이라도 헤아릴 수 없는 '책의 값'이 매겨질 수 있다. 누구는 하늘처럼 떠받드는 책을 누구는 하찮기 이를 데 없는 책으로 여길 수 있는 것 – 이 자의적 판단의 근거가 종착하는 곳이 바로 '책의 값'이다.

우리가 소중하게 생각하는 책의 값어치란 게 '책값'이 아니라 '책의 값'이라는 건 자명한 사실이다. 책의 뒤쪽 표지 하단에 적혀 있는 15,000원이라는 숫자가 우리가 읽으려는 책의 값어치를 가리키는 게 아니라는 말이다. 우리는 그 책으로부터 15원도 되지 않는 값어치를 느낄 수도 있고, 1억 5천만 원의 가치를 얻을 수도 있다. 삶을 완전히 포기한 사람이 우연히 서점에서 발견한 책 한 권으로 인해 새로운 삶을 얻었다는 식의 이야기는 그리 희귀한 사례가 아니다. 이 경우에 그 사람의 손에 쥐어졌던 책의 값은 숫자로는 도저히 표기할 수 없는, 새롭게 가지게 된 '생명'이라고밖에는 표현할 수 없는 무엇이다.

소유격 조사 '의'가 붙었을 때 일어나는 의미의 전도轉倒 혹은 각성은 책에만 해당되는 현상은 아니다. 매월 우리가 지불하는 '물값'은 기껏해야 몇천 원에 불과한 상수도 사용료지만, 헐값으로 아무렇지 않게 마시는 그 '물의 값'은 화폐단위로 표시하는 것 자체가 어불성설이다. 단 하루만 마시지 못해도 확인되는 '물의 값'의 어마어마함을 애석하게도 우리는 그리 자주 환기하며 살지 않는다.

우리의 이런 매우 인색한 태도는 '책의 값'에 그대로 적용된다. '책의 값'에 대한 우리의 태도를 조금 과장스럽게 표현하자면, 책은 그저 정가 15,000원짜리 상품에 불과하며 그 값이면 둘이서 맛집 짬뽕을 맛나게 먹거나 셋이서 시원한 아이스 아메리카노를 즐기겠다는 태도와 다를 바 없다. 이때 작가란 그런 별것 없는 '상품'이 만들어지는 데 일조한 재료 공급자나 아이디어 제공자 이상이 아니다.

"길은 다 갈 수 없고行不盡路(행부진로), 책은 모두 읽을 수 없다讀不盡書(독부진서)"는 말이 있다. 아무리 해도 끝이 없는 공부를 가리킬 때 쓰는 말이다. 공부란 정말 그렇다. 다 갈 수 없는 무궁의 길을 가려 하고, 모두 읽을 수 없는 무한의 책을 읽으려 하는 아름다운 모험이 공부다. 그리고 여기에 궁극의 삶, 우주적 오지랖으로만 판단될 수 있는 '삶의 값'이 있다.

다 갈 수 없는 길을 뭐 하러 가며 다 읽을 수도 없는 책을 뭐 하러 읽느냐는 식의 삶을 살 뿐이라면, 그 삶이 가질 수 있는 '값'은 뻔하다. 그런 삶을 책에 비유하자면 뒤표지 하단에 적힌 15,000원 - 그 값 이상을 얻어낼 수 없다.

번역,
외롭고 고단한

  내게 소설가 외에 번역가라는 타이틀이 하나 더 붙은 건 2007년 이후니까 15년쯤 되었다. 등단하고 얼마 되지 않았을 때 생활고를 해결하기 위해 두 종의 영어참고서를 출간하고 서양의 인문학자가 쓴 점성술 책을 번역한 적은 있지만, 그때는 그야말로 잠깐 동안의 '알바'에 지나지 않아 타이틀이 붙고 말고 할 게 없었다. 정식으로 내게 번역가라는 타이틀을 붙여준 책은 『정글북』으로 널리 알려진 영국의 시인이며 소설가인 러디어드 키플링의 장편소설 『킴』이었다. 『킴』은 '킴'이라는 아일랜드계 인도 소년과 부처의 행로를 좇아 인도 전역을 순례하던 티베트 노스님이 우연히 만나 함께 구도의 여정에 오르는 흥미로운 이야기로, 키플링에게 영미문학 최초이자 최연소 노벨문학상 수상자라는 영예를 안긴 작품이다.

  『킴』을 번역하게 된 것이 지인의 소개에 의한 터라 당시만 해도 계속 번역을 하게 될 거라고는 상상하지 못했다. 더구나 인도와 불교, 제국주의, 특정지역의 방언까지 뒤섞여 있어서 관련 텍스트들을 찾아보고 꽤 오랜 시간 정성을 들이긴 했지만 번역의 완성도를 자신할 수도 없었다. 그런데 20세기 초반의 작가임에도 불구하고 키플링의 소설들이 우리말로 번역된 게 많지 않았던 탓인지 『킴』을 출간하고 얼마 지나지 않아 키플링의 작품집에 대한 번역의뢰가 들어왔고, 그렇게 발을 들인 뒤 해마다 한

권 이상의 번역서를 출간할 만큼 "번역이 본업인가?" 싶을 정도로 푹 빠져들었다. 소설은 제쳐두고 한 해 내내 번역만 해서 서너 권씩 책이 나올 때는 본말이 전도된 듯 기이한 자괴감마저 들곤 했었다.

  번역에 대해 전면적인 회의가 든 건 본격적으로 번역을 시작하고 5년쯤 지난, 번역 의뢰도 꽤나 잦아지고 번역료도 제법 올라가 있던 2013년, 윌리엄 포크너의 단편집에 대한 번역을 덜컥 계약한 뒤였다. 영미문학사에서 난해하기로 손꼽히는 포크너는 번역가로서 도전해볼 만한 작가라는 생각뿐 아니라 소설가로서 원문을 독서할 좋은 기회가 되리라 생각했었는데, 첫 장을 펼치면서 일기 시작한 지끈지끈한 두통은 마지막 페이지를 넘긴 뒤에도 사라지지 않았다. 사라지기는커녕 통증의 강도가 오히려 가중되었다. 포크너만큼이나 난해한 문장의 소유자인 헨리 제임스의 단편집을 번역할 때와는 또 다른 압박이었다.

  보통의 작품집보다 두세 배의 시간을 투여했음에도 완성도에 대한 자신감은 좀체 생기지 않았고, 마지막 교정을 볼 때까지 혹사라고 해야 할 정도로 참고자료와 관련 비평문들을 살펴야만 했다. 그렇게 한다고 번역료를 더 받을 수 있는 것도 아니라 '번역에 대한 전면적 회의'가 밀려든 건 당연한 일이었다. 포크너 작품집의 '역자후기'에 "포크너를 넘어설 수만 있다면, 아니 기꺼이 넘으려는 결심만이라도 견지한다면, 우리는 이제껏 경험해보지 못한 넓고 깊은 문학의 바다와 마주하게 될 것이다"라고 쓴 건 독자에게 건네는 역자의 말인 동시에, 어쩌면 오히려, 번역을 한 나 자신에게 용기를 건네는 어줍은 위안이었을지 모른다.

사실 일반 독자들에게 번역은 외국어로 된 작품을 우리말로 옮기는 일 이상일 리 없다. 번역 일을 하기 전의 나 역시 그런 독자와 다르지 않았다. 번역가의 뒤통수에 "혹시라도 잘못 옮겼을지도 모른다"는 두려움이 트라우마처럼 끈끈히 달라붙어 있다는 사실은 번역가가 되어서야 비로소 경험할 수 있는 일이었다.

우리나라에서 가장 많은 번역서를 낸 분 가운데 한 사람인 소설가 안정효 선생은 잘못 번역한 사례들을 광범위하게 수집해 『오역사전』을 펴낸 적이 있는데 "번역은 요령이 아니라 끈기"라는 말이나 "번역은 문화다. 번역을 위해서는 해당 언어와 그 언어를 낳은 문화, 두 언어의 구조적인 차이까지도 알아야 한다. 여기에 영상이라는 요소가 추가되면 시각적인 정보도 매우 중요해진다. 등장인물의 손짓이나 시선은 대본에 적힌 글만으로는 알 수 없는 정보를 제공하기 때문"이라는 말에 고개를 크게 끄덕일 수밖에 없다.

이즈음 어느 유력 대선주자의 배우자가 쓴 학위논문에 대한 표절 시비가 한창인데, 그 논문의 영문초록에 나오는 '유지維持'라는 단어가 영어로 'Maintenance'가 아니라 우리말 발음 그대로 'Yuji'로 옮겨져 있어 조롱거리가 된 적이 있다. 누가 봐도 인터넷 포털이 제공하는 번역기를 '돌렸다'는 걸 알 수 있는 일이다. 그걸 교정도 보지 않은 채 제출한 것도 한심한 일이지만, 논문을 심사한 교수들이 심사란 걸 하기는 했는지 묻지 않을 수 없다. 더 큰 문제는 해당 논문만 그렇겠냐는 것인데, 어쨌든 그 일을 계기로 논문작성과 심사에 대한 경각심이 높아졌으면 싶다. 더불어 '인공지능'이란 그럴듯한 수식어가 붙은 번역기가 만능처럼 여겨지는 인식도 재고되었으면 좋겠다. 물론 실시간으로 외국어를 옮길 수 있는 완벽한 인공지능 번역기가 나온다면, 설사 그로 인해 번역가가 사라진다 해도 어쩔 수 없는 일이다. 그러나 잘못 옮겨질 경우 매우 심각한 일이 벌어질 수 있다는 사실은 결코 간과되어선 안 된다. 번역가들이 늘 오역에 대한 부담과 두려움에 시달리며 외롭고 고단하게 고난의 행군을 계속하는 이유가 다른 데 있을 리 없다.

겸손과 예의를 묻다

선거철만 되면 어김없이 등장하는 '오뎅' 먹기, '폴더폰' 인사, 진심이 느껴지지 않는 흐드러진 웃음, 입만 뗐다 하면 쏟아져 나오는 영혼 1도 없는 "존경하는 국민 여러분", 찾아가는 지역마다 달라지는 언행, 통계니 과학이니 내세우지만 숫자놀음에 불과한 여론조사 결과에 떨어대는 호들갑 – 나이가 들면 불같던 성정도 누그러든다는데 정치 혐오증만큼은 가파르게 올라갈 뿐이다. 거기에 욕설에 버금가는 교묘한 비방과 험담 앞에 할 말을 잃는다. "누구나 위대해질 수 있는 건 누구든 봉사할 수 있기 때문Everybody can be great, because anybody can serve"이라 했던 미국의 인권운동가 마틴 루터 킹의 언설을 단 한 번만이라도 깊이 명상하고 고뇌해보길 바라보지만, 좀 심하게 얘기하면, 개발에 편자다.

"공자가 죽어야 나라가 산다"는 도발적인 책이 꽤 팔리던 때가 있었고, 그걸 읽고 고개를 끄덕이기도 했었으나, 적어도 지금만큼은 유가儒家의 곧고 바른 정신을 되새기지 않을 수가 없다. 옛날 얘기나 해대는 '꼰대' 소리를 들어도 하는 수 없다. 공자의 어록들은 거의 3천 년 전으로 거슬러 오르지만 지금의 우리에게 여전히 피가 되고 살이 되는 금과옥조다. 이즈음 대선주자들에게 들려주고픈 것들도 차고 넘친다. "복수를 하려거든 두 개의 무덤을 파라在開始你的複仇之旅前(재개시니적복구지여전), 先挖好兩個墳墓(선알호양개분묘)"거나 "아무리 지혜로워도 덕이 없으면 권력을 얻어 봐야 반드시 잃는다知及之仁不能守之(지급지인불능수지), 雖得之必失之(수득지필실지)"거나 "군자는 겉으로 욕심내지 않는 척 꾸며 말하기를 싫어한다君子疾夫舍曰欲之(군지질부사왈욕지), 而必爲之辭(이필위지사)"는 것들.

공자의 언설을 꿰뚫는 것, 그 배경을 이루는 것에는 반드시 예禮가 있다. 예의범절의 그 예다. 공자는 상복을 입은 사람과 관복을 입은 사람과 앞을 보지 못하는 사람을 보면 나이를 따지지 않고 반드시 자리에서 일어났고, 그 앞을 지나갈 때는 걸음을 조심했다. 그렇게 상을 당한 사람의 슬픔을 헤아렸고, 나랏일 하는 사람의 덕망을 존숭했고, 앞을 보지 못하는 사람의 장애를 살폈다. 노나라 애공이 정치를 물었을 때 공자가 내세운 것도 다르지 않았다.

"옛 어진 시대에 정치의 근간은 사람을 사랑하는 것에 있었고, 사람을 사랑하는 근간에는 예가 있었으며, 예의 근간에는 공경함이 있었습니다."

지금 대통령이 되겠다는 사람들에게서 이런 예의를 찾을 수 있는가 묻고 싶다. 그들의 언설이나 행동에는 비례非禮가 넘친다. 자신의 잘못은 철저히 호도하고, 상대의 과오는 철저히 모욕한다. 자신에게 쏟아지는 비난은 철저히 외면하고, 남에게 쏟아지는 비난은 철저히 이용한다. 자신의 치적은 철저히 과장하고, 남의 치적은 철저히 의심한다. 이런 사람들에게 나라를 맡겨야 하는 우리의 운명이 가련하지만, 우리라고 뭐 그리 깔끔하고 정중하게 예의를 갖추고 살았을까 싶다. 자업자득이라 해도 크게 틀린 말은 아니다.

예의 바탕은 겸양지심謙讓之心이다. 당연히 받아야 할 상임에도 두 손을 공손히 모아 거절하고, 나서서 부끄러움이 없을 때에도 한 걸음 물러나 드러나지 않게 숨는 것이 예다. 소리를 높이지 않아 오히려 귀를 기울이게 하고, 말하기 전에 여러 번 생각하여 그 말의 진의를 아로새기는 것이 예의 도저한 의미고 가치다. 활을 쏘기 위해 사대射臺에 오를 때 겸손하지 못하면 그 겨룸을 정정당당하지 않게 여기는 것이 예였고, 정정당당하지 못한 겨룸에서 이겨도 진 것보다 더 수치스러워하는 것이 예였다.

대통령이 되겠다고 나선 사람들 가운데 진정으로 예를 지키며 예로서 겨룸에 나선 사람이 몇이나 되는가? 이 물음에 굳이 손가락을 꼽아 헤아릴 필요가 없다면, "오직 성인만이 예를 버릴 수 없음을 안다. 나라를 무너뜨리고, 집을 잃고, 사람을 망치는 것은 예를 버렸기 때문"이라던 공자의 일갈은, 극기복례克己復禮(자기의 욕심을 누르고 예의범절을 따름)는, 얼마나 섬뜩하도록 무기력한가!

값어치
이야기

 상품의 가치를 화폐 단위로 나타낸 것이 '가격'이다. 가격은 상품을 구입하려는 욕구인 '수요'와 상품이 시장에 제공되는 '공급'이 접점을 이루는 지점에서 형성된다. 가격과 수요·공급의 함수는 경제학의 가장 기본적인 이론에 해당하지만 굳이 경제학을 배우지 않아도 다 아는 상식이다.

 그러나 우리가 소비하는 무수한 상품들의 가격은 상식을 가볍게 배반한다. 가령, 상품이 인기가 있어 구입하려는 욕구가 높아질 경우 거기에 맞춰 공급이 늘어나게 되면 가격에 변동이 일어나지 않을 테지만, 상품에 대한 소비자들의 욕구를 충족시키는 것보다 쉽게 이득을 챙기는 데 꽂힌 생산자라면 오히려 공급을 줄여 가격을 높이는 방식을 택하게 된다. 가격이 높아져서 구입을 포기하는 소비자가 속출하기 전까지 생산자는 동일한 단가를 투입해 더 많은 이득을 챙기는 '짓'을 그만두지 않는다. 생산자가 하나둘 정도면 독점에 의해, 여럿이면 과도한 경쟁 혹은 담합에 의해 어그러지는 것이 또한 가격이다. 이것이 경제학의 실재 법칙이다.

 가격의 우리말은 '값'이다. 원래 모양은 시옷(ㅅ)이 덧붙여지기 전의 '갑'이었다. "일정한 값에 해당하는 분량이나 가치"를 뜻하는 '값어치'란 말의 옛 철자가 '갑어치'였던 사실에서도 알 수 있다. 어원학자들에 따라 견해가 다를 수 있지만, 대체로 '갇→갈→갋→갑→값'으로 변화되었다고 본다. '갇'이나 '갈'은 칼[刀]의 고어인 '갈'과 관련이 있고, 칼을 만드는 데 사용된 구리[銅]의 고어인 '갈/굴'과 뿌리가 같다고 추론된다. 작고하신 어원학자 서정범 선생은 우리말과 같은 계열의 언어에 속하는 터키어에서 근거를 찾았었다. 터키어로 바위를 뜻하는 'kaya'가 'kara'에서 변한 말이고, 이 말의 어근은 'kar'인데, 바위가 값어치 높은 광물을 함유하고 있는 물질이라는 데까지 상상의 나래를 펼친 것이다.

영어로 값 혹은 가격은 보통 price를 많이 쓰지만 cost도 흔히 쓰인다. price의 경우 어원은 두 갈래로 나눠진다. 하나는 프랑스어 prix에서 비롯되었다는 설이다. 최우수상을 가리키는 그랑프리Grand Prix의 그 prix인데, 정확한 어원은 prix의 고대형인 pris이다. 다른 한 설은 라틴어 pretium에 기원을 둔다. 흥미롭게도 라틴어 pretium에는 '벌' 혹은 '응보'라는 뜻이 들어 있다. cost의 어원을 따지는 경우도 프랑스어 coût와 라틴어 constāre로 갈라진다. 어원과도 상관관계가 있지만, price와 cost가 가지는 '값'의 차이는 현저히 다르다. 전자는 '가치'에, 후자는 '손실'에 무게중심을 둔다.

우리의 삶을 '값'으로 치환한다면 어떤 값이 매겨질까. 어떤 삶을 우리는 '값지다'고 말할 수 있고, 어떤 삶을 '헐값'에 비유할 수 있을까. 우리는 삶을 얻기 위해 어떤 '값'을 지불했을까. 지불하기는 했을까. 물이나 공기처럼 귀하디 귀하지만 공짜처럼 얻어 쓰듯 그렇게 삶을 써대는 건 아닐까. 공짜처럼 얻어 쓴다고 '귀한 값'이 '헐값'이 되는 건 아니다. 물이나 공기가 사라지면 삶이 사라진다는 이치는 "진정으로 귀한 것은 값이 매겨져 있지 않다"는 성자의 언설과 통한다. 이런 이치와 논리에 닿는 것은 의외로 많다. 사랑이 그렇고, 우정이 그렇고, 배려가 그렇고, 신뢰가 그렇고, 양보가 그렇다. 이런 관념은 상품이 될 수가 없으며, 상품이 될 수 없으니 값이 매겨질 수 없다. 값이 매겨지지 않으니 공짜처럼 쓰인다. 사랑을 잃고, 우정을 잃고, 배려를 잃고, 신뢰를 잃고, 양보를 잃어봐야 그것이 지닌 값이 얼마나 높았었는지를 알게 된다.

　그러나 경제학의 가장 기본적인 원리이자 상식인 가격과 수요·공급의 함수가 너무도 쉽게 우리를 배반하듯 '값'으로 매길 수 없는 무한한 가치를 지닌 관념들의 '값'이라는 인식 또한 우리 안에 그다지 공고하게 머물지 않는다. 사랑과 우정과 배려와 신뢰와 양보의 무한한 '값'은 정치적 실리에, 눈먼 욕망에, 하찮은 의심에, 치졸한 언변에, 가짜 뉴스에, 대책 없는 허영에, 처절한 복수심에, 넋 빠진 질투에 무너지고 곤두박질친다. 이것이 인생의 진짜 법칙이다. 그래서 어느 속 깊은 작가가 그랬나 보다. "그대의 주머니가 아무리 두둑하더라도 도저히 살 수 없는 것이 있다. 값이 비싸서가 아니라, 값이 매겨져 있지 않기 때문이다"라고.

자두나무 아래서

옛날, 호랑이 담배 피울 적 얘기다.

단점이라곤 청렴강직한 것 외엔 없던 한 선비가 쉰이 넘도록 미관말직을 떠돌다 마침내 그마저도 떨려나서 백수로 지내던 어느 날, 뱀눈에 눈초리가 처져 흉측한 젊은이 하나가 나이답잖게 뒷짐을 진 채로 선비의 초가집을 찾았다. 누옥 툇마루에 쪼그리고 앉아 평소 즐기던 작가의 신작 단편야화집 『월국연대기月國年代記』를 뒤적이고 있던 선비는 인기척에 고개를 들었다. 두루왕頭漏王이라고 자신을 밝힌 젊은이에게로 건너가던 선비의 눈길이 문득 가늘어졌다. 두루왕이면 중원을 장악하고 있는 삼태성국三台星國 변방 성주들 중 하나인데, "그가 왜…?" 싶었다. 젊은이는 의심 어린 눈초리의 선비에게 긴요한 얘기를 할 게 있으니 잠시 시간을 내달라고 말하고는 선비의 대답도 듣지 않고 마당을 나섰다. 궁금증이 일어난 선비는 보고 있던 단편야화집을 손에 든 채로 젊은이의 뒤를 따라나섰겠다.

한참이나 종종걸음을 치다가 다다른 곳은 마을 초입 오얏나무, 그러니까 자두나무 아래였다. 비밀스런 얘기라도 나눌 듯 보이던 젊은이가 사람들 왕래가 잦은 데를 고른 게 이상했지만, 선비는 특유의 사람 좋은 웃음을 흘리며 자신의 손에 들린 『월국연대기』를 살살 흔들며 "이 야화집이 얼마나 재미난지 다음 얘기가 궁금해 미칠 것 같으니, 용건만 간단히" 하고 말했다. 그러자

두루왕이란 자가 뒷짐을 지고 있던 손을 쑥 내밀었는데, 그 손에 갓이 하나 들려 있었다. "웬 갓?" 하던 선비는 그제야 바삐 나오느라 맨상투 채로라는 걸 깨달았다. 예의 흐흐 웃으며 선비는 두루왕이란 자가 내민 갓을 덥석 잡고는 서둘러 끈을 매었다.

아뿔싸!

과전불납리瓜田不納履하고 이하부정관李下不整冠하라 했거늘. 오이밭에선 신발이 벗겨져도 몸을 굽혀 신발을 고쳐 신지 말고, 오얏나무 아래선 갓끈이 풀려도 고쳐 쓰지 말라던 악부樂府의 군자행君子行을 깜빡한 순간이었다.

이후의 이야기는 몇 갈래로 갈린다.

평소 삼태성국의 전횡과 부패상을 민중들에게 알리는 데 게으르지 않던 선비, 그리고 선비가 속한 정의파당正義派黨을 제거하기 위해 삼태성국 황제가 두루왕을 이용했다는 설이 그 하나다. 그리고 호시탐탐 중앙 진출을 노리던 변방의 두루왕이 신흥 세력으로 삼태성국을 위협하고 있던 문왕文王의 휘하에 자신의 책사 도모都某를 천거하기 위해 문왕과 절친한 선비에게 접근해 덫을 놓았다는 설이 다른 하나다. 여기에 하나가 더 있는데, 덫을 놓으려 했으나 선비가 걸려들지 않자 선비가 속한 당파를 음해하는 공작을 벌이다 애꿎은 선비의 삶을 망쳐놓았다는 설이 그것이다. 하지만 이 온갖 설들의 귀결은 하나로 모아졌으니, 문자 그대로 하늘도 울고 땅도 울었다는, 천야곡지야읍天也哭地也泣의 지경이었던 것!

자장子長은 채택蔡澤을 얘기하며 중천에 뜬 해와 만월을 얘기하며 그 저묾을 얘기했고, 초목자草木子는 자고로 귀한 자는 천한 자들의 시기와 원한을 피해갈 수 없음을 설파했으며, 『시경詩經』은 진퇴양난進退兩難의 처지를 턱밑에 늘어진 살을 밟아 나아갈 수 없고 자신의 꼬리를 밟아 물러날 수 없는 늑대에 비유했다. 하지만 그동안 이 선비가 꼿꼿하게 지켜왔던 맺고 끊음이 칼로 자르듯이 분명한 삶법과 인생사를 지금에 와 되돌아보면, 저 영격란英格蘭, 그러니까 영국이란 나라가 인도라는 거대한 황금덩어리 같은 대륙과도 바꾸지 않을 거라고 호언한 대문호 사사비아莎士比亞, 그 나라말로 셰익스피어라 불리는 작가의 언설로 대변할 수 있으니, "비겁한 자는 죽음을 맞기 전에 수없이 죽고, 용감한 자는 오직 단 한 번만 죽을 뿐Cowards die many times before their deaths; the valiant never taste of death but once."

갑자기 왜 호랑이 담배 피울 적 얘기를 늘어놓고, 지금은 어지간한 작가들조차 쓰려 들지 않는 구닥다리 문체를 쓰는가 하고 묻는다면, 나는 이렇게 대답하련다.

"오이밭을 지나다 신발끈이 풀어졌는데도 고쳐 매지 않다가 자빠지면 그것 또한 창피한 일이요, 오얏나무 아래를 지나다 풀어진 갓끈을 고쳐 매지 않았다가 험담 좋아하는 자의 눈에라도 띈다면 그것 또한 창피를 면치 못할 일이니, 진실한 자도 진실한 자로 인정받지 못하고 진실치 못한 자가 도리어 진실한 자로 추앙받는 것이 세상이라면, 이 모질도록 '엿'같은 일들로 차고 넘쳐 괜히 한번 옛투를 빌어 찌질찬란한 속내를 드러내봤을 뿐, 그리 중뿔난 이유가 있겠는가?"

나이 듦을 생각하다

옛 중국 주周 왕조의 기틀을 세운 주공周公은 한 나라의 국왕이 될 자질에 대해 유난히 고민을 많이 한 사람이었다. 그는 하夏의 우왕禹王과 은殷의 탕왕湯王, 그리고 아버지 문왕文王과 형인 무왕武王까지, 네 명의 성왕이 펼친 도道에 입각한 정치를 위해 밤낮으로 궁리했다. 오랜 번민과 고심 끝에 드디어 한밤중에 방법을 찾아낸 그는 이튿날 아침 당장 그 방법을 실행하기 위해 잠자리에 들지 않고 날이 밝기를 기다리는 사람이었다.

계절이 바뀌면 몸이 느끼는 지난 계절에 대한 감각들이 빠르게 스러진다. 몸이란 참 간사하지만, 간사한 것으로 치면 마음이 더하다. 덥고 춥고를 느끼는 건 분명 몸이지만, 그 배후에 마음이 있기 때문이다. 몸은 더워지면 땀을 흘리고 추워지면 후들후들 떨어대면 그만인데, 투덜거리고 짜증 내고 참고 버티고 하는 건 마음의 일이기 때문이다. 시절의 급한 변화에 속절없이 변하는 게 마음이라면, 주공의 저 도저하고 심오한 세계는, 그 세계를 이루는 그의 마음은, 한낱 '닿을 수 없는' 무엇에 불과하다. 공자가 왜 주나라를 절절히 사모했었는지, 조금은 짐작이 가는 일이다.

주나라 얘기로 시작해서 그런가, 범상하기 짝이 없는 나로서는 감히 흉내조차 내기 힘든 중국인 한 사람이 떠오른다. 우리와 동시대 사람이고, 엄밀히 얘기하면 홍콩사람이다. 그는 "내 돈이 아니다. 잠시 맡아놨을 뿐, 돌려주는 게 맞다"면서 자신이 가진 전 재산의 99%를, 원화로 환산하면 8천억 원이나 되는 돈을 사회에 환원한 사람이다. 영화배우라고 힌트를 주면, 고개를 끄덕일 사람들이 많을 듯싶다. 바로 홍콩의 개념배우 주윤발이다. 그가 대중교통을 이용한 건 아주 오래된 얘기고, 재산의 사회 환원 약속도 오래전에 이미 공언한 바 있었지만, 주윤발이 자주 사람들의 입길에 오르는 것은 그가 가는 길과는 정반대로 가는 '부자 셀럽'들이 너무 많기 때문이다.

주윤발周潤發이라는 이름을 톺아보면 말 그대로 이름과 실재가 같은, '명실이 상부'한다. 周는 賙와 같은 글자로 "어려운 사람을 물질적으로 구제·구조·원조하다"라는 뜻이다. 周濟窮人(주제궁인)이라고 하면 "가난한 사람을 도와준다"는 말이다. 가운데 이름 潤은 '윤택할 윤'이다. 이 글자에는 '부드러움·유순함'이란 뜻도 들어 있다. 주윤발의 품행과 성정이 이 글자에 고스란히 담겨 있다. 마지막 이름자 發은 '필 발'로 '베풀다'는 뜻으로도 쓰인다. 중국의 고대사로 한 걸음 더 들어가면, 아버지 문왕의 유지를 받들어 상商나라의 폐덕한 군주 주왕紂王을 폐하고 주나라를 세웠던 무왕의 이름이 발發이었다. 이런 상황들을 모두 고려해보면 주, 윤, 발, 세 글자가 신기하게도 그 사람을 고스란히 대변한다.

어릴 때는 교훈이 되는 이야기를 많이 듣고, 읽는 것들 또한 대부분 교훈적인 이야기들이다. 그런데 나이가 점점 들어갈수록 '교훈(적 이야기)'에 대해 의문을 가지게 되고, 괜히 반감을 가지게 되고, 마침내 뒤엎고 부정하고 외면하게 된다. 이럴 때 흔히 쓰는 표현이 '머리가 커졌다'는 건데, 머리만 커진 게 아니라 몸도 커져서 외형은 영락없는 '어른'이 된다. 대개 그대로 굳어져 어른의 세계로 건너가게 된다는 점에서 더 이상의 성장이 이루어지지 않는다고 보아야 옳다. 그렇게 어른이 된 자들은 질문이 사라진 세계, 교훈을 적대시하는 세계, 순수를 욕망으로 치환한 세계, 모든 판단의 기준을 자기 자신으로 국한하는 세계, 그래서 타인이 비집고 들어올 수 없는 세계, 양보와 반성이라는 단어를 사전에서 지워버린 세계에서 하루하루를 살아간다. 주공도, 주윤발도, 존재하지 않는.

마지막은
없다

 굴욕의 시대를 사는 동안에도 굴욕의 참담함만 있는 것은 아니다. 슬픔이 온몸을 짓이길 때조차 한 조각 웃음이 입술 끝을 스치고, 겹겹이 절망의 커튼을 드리운 방안에도 틈을 비집고 들어오는 가는 빛줄기가 있다. 사랑은, 희망은, 성스러움과 아름다움은, 만연하는 것이 아니라 철저하고 완전하게 소수이며 흐릿하고 적막하다. 그러나 분명히 존재한다. 마지막에 다다랐으나 아직 끝나지 않은 숨처럼. 끝날 때까지는 끝난 것이 아니다. 인생이란 그렇다. 그런 것이다.

청색지산문선 7

인생
하창수 에세이

초판 1쇄 발행 2022년 8월 10일
   1쇄 발행 2022년 11월 30일

지은이	하창수
펴낸이	김태형
펴낸곳	청색종이
인쇄	범선문화인쇄
등록	2015년 4월 23일 제374-2015-000043호
주소	서울시 영등포구 문래동2가 14-15
전화	010-4327-3810
팩스	02-6280-5813
이메일	bluepaperk@gmail.com
홈페이지	https://bluepaperk.com

ⓒ 하창수, 2022

ISBN 979-11-89176-86-0 03810

이 도서는 저작권법에 따라 보호받는 저작물이므로 저작권자와 출판사의 허락 없이 복제하거나 다른 용도로 사용할 수 없습니다.

값 15,000원